教師のための「教育メソッド」入門

日本教育大学院大学 [監修]
高橋 誠 [編著]

はじめに

　日本では今、教育問題が最も重要な問題として論議を呼んでいます。この教育問題を解決する核心は「次代を担うプロ教師」の確保と育成です。

　私は「次代の教師」に必須の能力は「人間力・社会力・教育力」の3力だと考えます。「人間力」は教育メソッドで育成するのは困難ですが、「社会力」と「教育力」は教育メソッドを習得することによって、かなり身につけることが可能だと思います。

　日本の教育界にフィンランド、イギリス、アメリカなど世界から「新しい教育思想」の波が押し寄せ、「新しい教育技法」も続々と誕生しています。またビジネス界からも、教育界に「新しい教育技法」が次々と参入してきています。

　本書は、これらの新しい技法や基本として身につけておくべき技法を、それぞれの専門家に依頼し「教育メソッドの本」としてまとめたものです。

　私が研究科長をしている日本教育大学院大学は、日本初の教員養成の大学院です。日本教育大学院大学にとって、これらの教育メソッドの研究は最も重要な研究テーマの一つです。そこで、本書を本学の仲間たちと企画しました。

　本書は、教育メソッドを次の5つの分野に分け、30技法を取り上げました。5つの分野は「教授メソッド」「ICTメソッド」「対人メソッド」「相談メソッド」「解決メソッド」です。

　本書は、小・中・高・大など教育機関の教師、教師志望者および、さまざまな教育機関で教育に携わる方々を対象として作成しました。そのため、現場の先生方が気軽に学べる入門ブックとして、わかりやすい構成、そして平易な表現を心がけました。先生方が本書でさまざまな教育メソッドを学び、教育現場で気軽に活用していただけたらと思います。

　本書の作成に当たり、多くの専門家にご執筆をいただきました。また、日本教育大学院大学の全面的なバックアップ、教員たちの支援、そして教育評論社には多大なご尽力をいただきました。すべての関係者の皆さんに感謝します。

2008年夏　　高橋　誠

教師のための「教育メソッド」入門

●目次●

はじめに

第1部
教師のための「教育の進め方」と「教育メソッド」の使い方――――6

第2部　教育メソッド30技法の紹介

1. 教授メソッド
　①フィンランド・メソッド――――32
　②論理思考法――――38
　③授業プレゼンテーション法――――44
　④創育発問メソッド――――50
　⑤思考深化板書法――――56
　⑥文章作成法（アウトラインチャート）――――62
　⑦BRD（当日ブリーフレポート方式）――――68
　⑧ポートフォリオ評価法――――74

2. ICTメソッド
　①ICTプレゼンテーション作成法――――82
　②授業デザイン法――――88
　③インターネット活用法――――94
　④ICT授業評価システム――――100

3. 対人メソッド
- ①積極的傾聴法 ——————————————110
- ②アサーション法 ——————————————116
- ③協同学習法 ————————————————122
- ④教育ディベート法 —————————————128
- ⑤教育アクションラーニング —————————134
- ⑥教育コーチング ——————————————140
- ⑦ソーシアル・スキルデベロップメント ————146

4. 相談メソッド
- ①相談面接法 ————————————————154
- ②交流分析法 ————————————————160
- ③観察アセスメント法 ————————————166
- ④教育リラクセーション（呼吸法）———————172
- ⑤キャリア・カウンセリング法 ————————178

5. 解決メソッド
- ①カード・ブレインライティング法 ——————186
- ②サウンド・ブレインストーミング法 —————192
- ③ブロック法 ————————————————198
- ④ストーリー法 ———————————————204
- ⑤参画ラベルトーク技法 ———————————210
- ⑥CPSI法 —————————————————216

第1部　教師のための「教育の進め方」と
　　　「教育メソッド」の使い方

教師のための「教育の進め方」と「教育メソッド」の使い方

高橋　誠　日本教育大学院大学　教授

Ⅰ．日本の教育を、「教え込み型」から「引き出し型」へ変換しよう

　「教育」の「教」という言葉は、右の「攵」と左の「孝」から成り立っている。角川書店の『漢字の語源』で、語源を調べると、「攵」は「鞭を打つ」、「孝」は「子が習う」を意味するという。つまり、「教」は「鞭を打ち、習わせる」となり、強制的に教え込むという色彩が強い。日本の教育は現在でもこの流れを汲み、教師が学生に一方的に知識を吹き込むという傾向が強く感じられる。

　一方、英語の「Education」は「Educe（引き出す）」が語源といわれ、「力を引き出す」という意味で、一方的に教え込むのではなく、子どもたちに話し合いをさせたりして子どもの可能性を引き出すことを重視していると思われる。残念ながら、英語のほうが真の「教え」に近い意味合いを持つと考えられる。

1.「引き出し型教育」で学力低下にストップを

　私は、日本とアメリカ、欧州の学校を視察してきたが、大まかに言えば、日本は「教え込み型」、欧米は「引き出し型」といえるのではないかと思う。

　平成18年に改訂された教育基本法では教育の目的を次のように規定している。「人格の完成を目指し、平和で民主的な国家及び社会の形成者として必要な資質を備えた心身ともに健康な国民の育成」。そしてその目的達成のために「幅広い知識と教養」とともに「創造性と自主性及び自律の精神」を掲げている。私はこの目的達成のためには「知識を教え込む」「教え込み型」から、「引き出し型」へと転換することが欠かせないと思う。

　さて、OECDのPISA調査などで日本の子どもの「学力低下」が叫ばれている。日本では、学力低下は主として「知識の低下」ととらえられ、授業時間の増加や、主要教科の充実などに向かっているが、それは大きな間違いである。

　PISA調査などの内容を検討すればわかるように、その低下の実態は、思考

力や社会への適応力の低下、つまり学力低下ではなく思考力低下、行動力低下なのである。それに、心の力の低下も加える必要があるだろう。

2. 引き出し型教育には「教師力」の向上が欠かせない

引き出し型教育を実践するには教師自らが「教師力」を一層向上させることが必要である。そこで、教師に必要な能力「教師力」とは何かを考えたい。

筆者は、教師力を「人間力」「社会力」「教育力」の3つとし、それぞれ2つの能力をあげて、計6つの能力とした。その主要ポイントを以下にあげる。

<「教師力」の6つの能力>

(1) 人間力

教師である前に、人として尊敬されること、慕われる魅力・能力がある人間であること、つまり人格力と教養力を備えた「人間力」が問われる。

①**人格力**：学生や保護者たちから尊敬される存在であること
②**教養力**：専門以外の幅広い学問・知識と豊かな心を備えていること

(2) 社会力

教師にも、社会人として対人力と解決力を含む「社会力」が求められる。

①**対人力**：学生や保護者、社会の人々とコミュニケーションする力
②**解決力**：学校内外で起きる多様な問題を解決する力

(3) 教育力

教師は教えるプロだから、専門的に教授できる「教育力」が不可欠である。

①**専門力**：専門分野の知識・技能を確実に身につけていること
②**教授力**：教える技術を確実に持ち、その力を向上させていること

教師はこれらの6力を身につけるために常に自己研鑽をするべきだと考える。

3. 引き出し型教育の3つの対応策

引き出し型教育のための対応策には、「教育システム」の理解、「教育メディア」活用法の習得、それに「教育メソッド」の実践の3つの方策がある。

<引き出し型教育の3つの対応策>

(1) 教育システム全体の理解
(2) 教育メディア活用法の習得
(3) 教育メソッドの授業での実践

「教育システムの理解」だが、日本の教育は、いまだに講義が中心である。

しかし授業で使うメディアや、教育メソッドなど、現在は多様なアプローチが可能である。まずは「教育システム」全体を見直してほしい。

次に「教育メディアの活用」だが、視聴覚メディアやICT（Information & Communication Technology）メディアなどをもっと積極的に活用してほしい。

そして、「教育メソッドの実践」である。教師は企業教育のメソッドなど、最新の教育メソッドに果敢に挑戦し、体得する努力を続けてほしい。

Ⅱ. 教育の前提「教育ファクターの6P」を確認し、実施しよう

教師は教育を行う前提として、次の「教育ファクターの6P」をしっかり把握することが必要である。

＜教育ファクターの6P＞
(1) Person　　（人間：教育の対象）
(2) Problem　　（課題：教育の課題）
(3) Process　　（手順：教育の手順）
(4) Procedure　（方法：教育の技法）
(5) Product　　（成果：教育の成果）
(6) Pleasure　 （喜び：動機づけ）

では、6つのPを解説しよう。

(1) 最初のPのPersonは人間、つまり教育の対象をさす

対象は、あらゆる層が想定される。教育の効果をあげるには、この対象の特性をしっかり把握しなければならない。

(2) 次のP、Problemは課題、つまり教育するべきテーマである

授業全体として何を教えるか、個別の授業ではどうか、それぞれの教育課題が明確にされていない限り、教育はうまくいくわけがない。当然、教師は教育課題を充分にとらえた上で、教育を行うことが求められる。

(3) 3番目のPはProcess、手順つまり教育のステップである

教育には当然のごとく手順がある。今、教育のシステム化を目ざしたインストラクショナル・デザインの考え方が注目されている。インストラクショナル・デザインではカリキュラム開発を、分析・設計・開発・実施・評価などのステップで行うことをすすめている。このようにカリキュラム全体から、一授業にいたるまで、教育手順を考えることは大変重要である。

(4) 4番目のPはProcedure、教育技法つまり教育メソッドである

本書は、主にこの教育技法を扱っている。
(5) 5番目のPはProduct、教育の成果である
　教育を実施した結果どんな成果が上がったのか、よく確かめなくてはならない。もちろん教育成果は教育実施の前から予測し、実施後しっかりと評価し、確かめなければならない。本書では、この教育評価法も取り上げている。
(6) 最後のPは、学ぶことで得られるPleasure（喜び）のPである
　これは、学習に対する動機づけをさす。動機づけは、授業の事前・本番・事後とあらゆる場面に欠かせない要素といえる。
　教育はこの教育ファクターの6Pの要素を把握して行うことが大切である。

Ⅲ．教育は、興味・知得・納得・体得・体験の5ステップで進めよう
　あらゆる教育場面において教師は、その時のPerson（教育対象）に、その授業のProblem（教育課題）をどのようなProcess（教育手順）でどんなProcedure（教育技法）を使い、どのようにPleasure（喜び）を与える動機づけをし、どんなProduct（教育成果）を出すかが、問われる。
　筆者は教育手順の基本を、興味・知得・納得・体得・体験の5ステップと考える。
＜教育手順の5ステップ＞
(1) 興味：まず「知りたい（Interest）」と思わせるステップ
(2) 知得：「知っている（Know）」ようにするステップ
(3) 納得：「わかった（Understand）」と言わせるステップ
(4) 体得：「使えるレベル（Master）」にさせるステップ
(5) 体験：「実践できる（Experience）」と確信させるステップ
では、この5つのステップを解説しよう。
(1)「興味」は教育手順の最初のステップである
　興味（Interest）は、「知りたい」という動機を持たせることである。教師は、まず学生に興味を持たせる工夫を考えなければならない。
(2) 知得は「知っている」レベルにするステップである
　これは、「知っている（Know）」ことに満足させるステップである。一橋大学名誉教授の野中理論で言えば、「形式知」のレベルといえる（参考文献1）。
(3) 納得は「知を理解した」レベルにするステップである
　この段階になると「わかった（Understand）」となる。「知っている」より、1段上の段階である。

(4) 体得は「自由に使える」レベルにするステップである

この段階になると「使えるレベル（Master）」になっている。野中理論で言えば、「暗黙知」のレベルといえる。

(5) 体験は「実践できる」と確信させるステップである

体験（Experience）させることにより、教育の最終目標である「現実の社会現場で実践できる」ようになることを目ざす。

昭和の海軍大臣の山本五十六は、次のような教育論を語っている。「やってみて、説いて聞かせて、させてみて、ほめてやらねば、人は動かじ」。

教育は単に知識や技能を与えることではない、最終的に子どもたちが社会で実践できない限り、何もならない。そのためには、教師は「やってみて」、知識・技能に「興味」をもたせる。「説いて聞かせて」知識・技能を教え、「知得」させ、理解「納得」させる。そして「させてみて」知識・技能を「体得」させる。さらに、教育の全ステップで「ほめる」ことで動機づける。教育では最初の動機づけが、「興味」のステップであるが、動機づけは全ステップで必要であるといえる。

山本五十六の教育論は、まさしく教育の基本をおさえている。

Ⅳ．「動機づけ」は教育にとって大変重要な課題

教育は学ぶ者がその気にならない限り、まったく効果がない。教えるにはまず動機づけこそが、最も重要である。その動機づけには、行動を「開始する」「提示する」「評価する」という3つの方法がある。

＜動機づけの3つの方法＞

(1) **行動の開始**：「さあやろう」という気にさせることである。つまり、講義の始めに、たとえばクイズなどを出し、皆をその気にさせることで、まさしく「興味」を持たせることである。

(2) **行動の提示**：何をしているかを示し「安心させる」ことである。講義の全体像を示したり、授業中に進行の度合いを知らせることなどである。

(3) **行動の評価**：できたことを評価することで、テストの結果を「ほめてやる」ことなどがこれに当たる。

そして動機づけのためには、学ぶ者の注意を引きつけることが欠かせない。それには、注意を「集中」させると「持続」させるの2つの方法がある。

＜注意を引きつける2つの方法＞
(1) **注意の集中**：これには「教え方」を変化させることが有効である。急に大声を出したり、逆に小声で話したり、話から板書や映像に移るなどが、これに当たる。「試験に出るよ」など利益欲求を刺激する手もある。
(2) **注意の持続**：つまり「飽きさせないこと」であるが、まず集中と同様、変化させることが有効である。休憩させる、身体を動かすなど、身体への刺激の変化も有効な手段となる。

このように動機づけは、授業開始時に「興味」を持たせるだけでなく、授業のあらゆる場面で行うべきだといえる。

Ⅴ．授業全体をどう進めるか「教育システム」を理解する

授業全体の進め方を、筆者は次の「教育システム」でとらえている。

授業の手順は前述のように、興味・知得・納得・体得・体験の5ステップで行われる。その授業で用いられる教育手段の主なものは「授業の種類」では「講義（Lecture）」「練習（Exercise）」「演習（Group Work）」と、「教材の種類」の「視聴覚教材（AV Material）」「テキスト（Text Book）」「シート（Sheet）」の6種類である。

1. 授業を進める6つの教育手段
(1) 授業の種類
①**講義**：「教師が話す（Lecture）」のが中心で、質疑なども含む。
②**練習**：「個人かペアで行う練習（Exercise）」で、試験、ミニテスト、ドリルなどが含まれる。
③**演習**：「グループで行う演習（Group Work）」で、討議、事例研究、実験、実習、学び合いなどが入る。
(2) 教材の種類
①**視聴覚教材**：「視聴覚を刺激する教材（AV Material）」で、CD、DVD、VTRなどの視聴覚系、パワーポイント、ネット活用などICT系と、掛け軸、写真などのボード・パネル系、そして模型などの実物系がある。
②**テキスト**：「テキスト（Text Book）」を中心に教科書、参考書、関連書など書籍系である。
③**シート**：「シート（Sheet）など基本的には数枚の印刷物」で、要点シート、情報シート、演習シートなどがある。要点シートはレジュメなど、情報シー

トは新聞や雑誌などの切り抜きなど、演習シートは事例研究のシートや各種演習用のシートである。

2. 教育手順と教育手段

授業の手順と手段を組み合わせると「教育システムの体系図」(図表1)になる。図表では、どの手順でどの手段を主に活用するべきかを、○で示した。

(1) 「興味」という最初の動機づけには、講義と視聴覚教材が主な手段になる。
(2) 「知得」では、講義、練習、視聴覚教材、テキスト、シートを用いる。
(3) 「納得」では、すべての手段が投入される。講義、練習、演習、視聴覚教材、テキスト、シートのすべてが活用される。
(4) 「体得」では、練習、演習など体験学習が、主にシートを用い展開される。
(5) 「体験」のために多様な社会体験を用意したい。身につけたことを総合的学習の時間で実際に体験したり、家庭で練習したり、また課外活動の修学旅行やインターンシップなど、実社会での経験を深めさせたい。

図表1　教育システムの体系図

教育手順		授業の種類			教材の種類		
		講義 (Lecture)	練習 (Exercise)	演習 (Group Work)	視聴覚教材 (AV Material)	テキスト (Text Book)	シート (Sheet)
興味	知りたい (Interest)	○			○		
知得	知っている (Know)	○	○		○	○	○
納得	わかった (Understand)	○	○	○	○	○	○
体得	使える (Master)		○	○			○
体験	実践できる (Experience)	社会体験（家庭体験、修学旅行、職場体験など）					

Ⅵ. 授業全体の準備から納得させるまでのメカニズム

次に、授業全体を通しての展開の工夫を考えてみよう。

1. 授業の準備に「シラバス」と「講義ノート」を作る

授業シリーズ全体の企画にはシラバス作成が欠かせない。次いで、各授業の講義ノートを作成する。講義ノートには講義内容、関連資料が必要だが、それらはいつも最新のデータにしたい。講義ノートはパワーポイントで作成することがおすすめだ。いつでもすぐ内容を更新できるからである。

2. 授業の教育内容に盛り込む3種類の知識

教育内容の主な知識についてであるが、知識には「意味的知識」、「手続き的知識」、「挿話的知識」の3種類がある。

＜知識の3つの種類＞
（1）**意味的知識**：勉強内容や、料理のレシピなど「中身」の知識である。
（2）**手続き的知識**：勉強法、料理法など「どうするか」の知識である。
（3）**挿話的知識**：勉強を誰にどこで習った、各国料理の国に関する知識など「エピソード」の知識である。

これらの知識をどのように入れ込んで授業を展開するか、講義ノートづくりを工夫したい。意味的知識のような、ズバリ「中身」の知識ばかりでは、学ぶ者の興味が続かない。手続き的知識の「どうするか」の知識を加えながら、事例とか体験談など、挿話的知識の「エピソード」などを加えたい。

3. 授業の予習・本番・復習の流れ

授業は予習・本番・復習の一連の流れで考える。まず事前に予習させ、本番をしっかり準備して実施し、そして復習させるための多様な工夫を考えたい。

授業は「開始、本論、終結」の3段階でとらえ、時間配分は授業全体を100％として次のような比率にしたい。

＜授業の時間配分＞
（1）開始 15％
（2）本論 70％
（3）終結 15％

4. 授業の知識を理解・納得させる方法

授業の本番で教えるべき知識をスムーズに理解・納得させるためには、次の2つの方法がある。「知識の活性化」と「構造化知識の活用」である。

＜知識を理解・納得させる2つの方法＞
(1) **知識の活性化**：学ぶ者がすでに持っている知識と授業内容を結びつけて、活性化させることである。進め方としては、予習、事前テストで事前に「本人の知識」と「教える内容」を、比較検討させる。そして、授業本番では、教える事例を本人の知識に近い事例で説明したりする。
(2) **構造化知識の活用**：学ぶ内容をさまざまな方法で提示することである。図を見せたり、具体例、実例、実物を示したりする。視聴覚教材や事例シートなどが活用できる。

5. 授業を納得させるメカニズム

授業がわかると、学生は「納得」する。この「納得メカニズム」は、次のようなプロセスで成り立つと考えられる（図表2参照）。

「教師の信憑性」を高め、最適な「教育メッセージ」を、適切な「教育メディア」で伝えれば、学生は授業を「納得」する。

図表2 授業納得のメカニズム

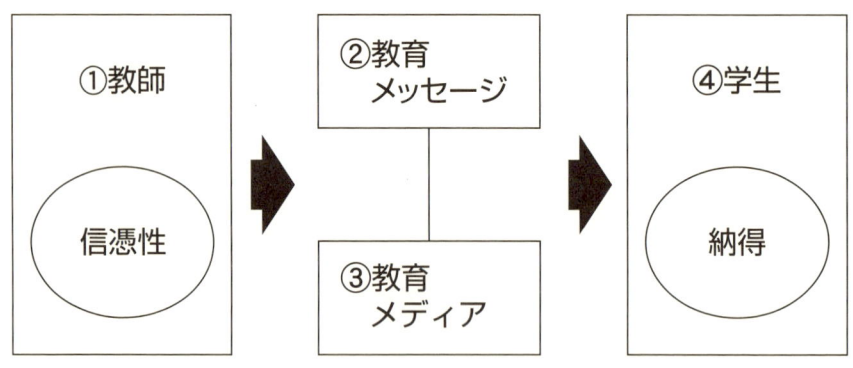

(1) 教師の信憑性

アメリカの心理学者オルポートは、受け手が納得するには伝え手の「信憑性」が重要な鍵だという。この信憑性は「専門性」と「信頼性」の2要素から成る。「専門性」を保有する教師なら、講義では専門的知識を駆使して話すため、

生徒が「この先生はこの分野の専門家だ」と思う。そしてもう一つの「信頼性」は、生徒が教師に信頼感を持つかどうかにかかる。

たとえ専門性があっても、むずかしい専門用語ばかり使い、生徒に嫌われれば、信頼性は生まれない。2条件が満たされて初めて「信憑性」が成り立つ。

(2) 教育メッセージ

教育メッセージには、「教育内容」と「伝達表現」の2種類がある。内容がいくら良くても、伝達で表現が悪ければ伝わらない。どんな「内容」をどんな「表現」で伝えたら最も効果があるか、教師は充分に考えなければならない。

(3) 教育メディア

次は、教育メディアである。どんな教育メッセージでも、どんなメディアで伝えたかにより、効果は大きく異なる。記憶に残らせ、理解を深めさせるには、次のような点をよく理解することが大切である。

＜記憶・理解には視聴覚を使う、特に静止画活用が有利＞

①「耳と目」の視聴覚の両方を活用するほうが強く記憶に残る

人間の五感の印象度では、視覚が8割、聴覚が1割といわれ、視覚のほうが聴覚より情報量が多いので視聴覚の両方を活用すれば、情報量は圧倒的に多い。したがって、視聴覚を両用する教材が最も記憶されやすいといえる（図表3参照）。

図表3　視聴覚別の記憶度の違い

	3時間後	3日後
①耳からのみ受け入れたもの	70%	10%
②目からのみ受け入れたもの	72%	20%
③目と耳から受け入れたもの	85%	65%

（米国ソコニー石油研究所データ）

②動画より「静止画」のほうが記憶し理解される

何かを理解させるのは、印象深い動画のほうが有利と考えがちである。しかし、実は静止画のほうが長時間同じ情報を与え続けるので、よく記憶され理解もされやすいということを忘れてはならない（図表4参照）。

図表4　静止画像と動画の記憶と理解の違い

	（記憶）	（理解）
静止画像で1回説明	83%	56%
動く画像で2回説明	73%	40%
口だけで説明	76%	24%

米ソコニー研究所データ［『人間の五感の印象度』
（「OHPによるビジュアル・コミュニケーション」 富士写真㈱ 富士マグネテープ㈱）より

（4）学ぶ者を納得させるには

最後は、学ぶ側が納得することが欠かせない。それには2つの条件がある。

＜納得の2条件＞

①**論理性**：論理性が高いと、学ぶ者は受け入れやすい。そのためには、教育内容を論理的に筋道だって解説することが欠かせない。教師はぜひ、論理力を高める努力をしたい。

②**具体性**：教育内容はなるべく具体的であることが望ましい。学生は自分の持つ知識との関連が多ければ多いほど、理解し納得しやすいからである。だから事例や数字を入れるなど、教育内容の具体化が欠かせない。

Ⅶ. 授業の6手段別の工夫の仕方

授業を進めるに当たり、前述の6つの手段別にそれぞれ工夫するべきことをあげておこう。

1. 講義（Lecture）の工夫

ここでは、講義の話し方の工夫、学生をコミットさせる工夫、質問の仕方などを考える。

（1）話し方の基本は「たちつてと」

まず、話し方の工夫のポイントをあげよう。筆者は、話す人は基本的には「立って行う」ので、その連想から「たちつてと」の5つにまとめている。

＜話し方は「たちつてと」＞

①**た（立ち居）**：しっかり立って全員に満遍なく視線を投げかけて話しかける。時には特定個人にも話しかける。

②**ち（緻密に）**：話の流れは「全体から部分」に、内容では「具体例や数字」を入れるなど、授業を緻密に展開する。

③つ（突っ込み）：相手の興味を探り、質問なども投げかけながら、反応を見て、相手の関心事にスルドイ突っ込みを入れる。
④て（テンポ）：話のテンポは、相手の理解や、その反応を見据えながら、ゆっくり話したり、早めたりする工夫をする。
⑤と（トーク）：相手に合わせた話し方（トーク）や、声の大きさに気を配る。声を大きくしたり、小さくしたり工夫する。

(2) 質問は「全体質問」「順番質問」「指名質問」が主要3方式

質問は、授業にとって大変重要なスパイスといえる。質問方式の代表的なものは「全体質問」「順番質問」「指名質問」の3つである。

＜質問の主要3方式＞
①**全体質問**：「何か質問はありませんか」などと全員に問う。
②**順番質問**：「では順番に答えていってください」と順番に尋ねる。
③**指名質問**：「○○さん、この答えは」などと、特定の人を指名する。

日本人は自分から積極的に質問することが大変少ない。これは今までの日本の教育がなせる業だと思うが、大変深刻な問題といえる。

教育界で注目されているフィンランドでは小学校でも「ミクシ（なぜ）？」という言葉が、先生からも生徒からも飛び交っているとのこと。教師は、質問を投げかけ、日本人の「質問力」の弱さをぜひ改善してほしい。

2. 練習（Exercise）の工夫

講義で知識を理解させ、それを身につけ納得させるには、「練習」が大変役に立つ。つまり、練習は納得のための主要な手段といえる。

授業の予習、授業の開始時、授業の合間、授業の終了時、復習などのあらゆる教育場面で練習を取り入れることは大変重要である。

納得、つまり「わかる」とは、前述のように教育内容と学生の持つ知識とが関連づけられた時である。学生が「あっそうか」と頭に知識がすっぽり入った時、納得するのである。

練習の手段としては、試験、ミニテスト、レポート、ドリルなどがある。これらを個人またはペアで実施する。ペアでの実施の基本は、まず個人にこれらを実施し、その後にペアになり相互に確認させながら理解を深めさせる。

3. 演習（Group Work）の工夫

演習は理解し納得した知識を、活用できるように「体得」するための手段といえる。ここで、演習の効果を実験したアメリカの研究を紹介しよう。

アメリカの主婦たちに「牛の内臓をもっと食べさせる」ための実験がアイオア州立大学で行われた。チームを「講義法」と「集団決定法」の2つに分けて、同じ時間を使って説明や話し合いを実施した。講義法では講師が図表や印刷物で説明し、集団決定法では話し合いを中心にした。

この結果は劇的だった。実験後に実際に内臓を料理した主婦は、講義方式の参加者ではわずかに3％。一方、集団決定方式の参加者ではなんと32％に達した。つまり、集団方式のほうが10倍近い実施率となった。

このように集団決定方式の演習は、講義よりはるかに実際の活用に役立つことがわかる。その理由について、心理学者の三隅二不二先生は「自我関与」の違いと解説する。自我関与とは決定への参加度のことである。

自我関与の強さは、共感性の強さともいえる。共感性には「感情共感性」と、「知的共感性」の2種類がある。

＜共感性の2種類＞
(1) **感情共感性**：「仲間との感情の共有」を意味する。つまり、仲間と同じ作業を行い「楽しみ、悲しみ、喜ぶ」と、一緒にやったことに強い共感性をおぼえ、このテーマに深く関与したいと考える。
(2) **知的共感性**：「仲間との知識の共有」を意味する。つまり、仲間と知識を共に学ぶことで「同じように知り、考える」ようになりたいと考える。

最近、学校現場でよく行われるようなった「学び合い」は、この演習の一方式である。「学び合い」は教師が一方的に教えるのではなく、わからない点を学生同士が教え合う学び方のことである。

演習は参加者の共感性を強く増加させるために、知識の体得とその活用への意欲が高まるのである。

4. 視聴覚教材（AV Material）の工夫

教室で活用する教材には「視聴覚・ICT系」、「ボード・パネル系」、それに「ペーパー・実物系」がある。視聴覚系は視覚教材と聴覚教材、それに視聴覚教材の3種に分かれる。また、ICT系はネットなども含め、近年大変多くの教材が誕生している。その上、昔からのペーパー系も上手に活用したい。

ここで、視聴覚教材作成のポイントを押さえておく。

＜視聴覚教材作成のポイント＞
（1）タイトルは教育課題の要点を簡潔にまとめる。
（2）図解化（図表、グラフ、写真、イラストなど）を心がける。
（3）文字は少なめでなるべく大きくし、フォントにも気を配る。
（4）色や文字、体裁などの統一を心がける。

このような点に注意し、教材作成には充分の配慮を望みたい。
次に、最近最もよく用いられるパワーポイント（以下パワポ）について述べておこう。パワポは大変手軽に作成できる教授ツールである。このパワポには、次のようなメリットがある。

＜パワーポイントのメリット＞
（1）**集約性**：説明したいことをすべてパワポに集約できる。
（2）**演出性**：音や動画など、さまざまな視聴覚手段を活用できる。
（3）**再現性**：同じものを何度でも再現でき、ネット上にも掲載できる。
（4）**簡便性**：簡単に作成でき、プロジェクターさえあればどこでも写せる。
（5）**修正性**：すぐに、何度でも内容を修正したり、変更できる。

このように、パワポは大変便利な教授教材である。特に何度でも修正・変更ができるので、同じ内容の講義を何度かする場合、次々と修正して内容を進化させることができる。またネット上に載せられるので、学生は欠席しても授業の概要を知ることができ、自宅でも予習、復習ができる。

授業では上記のような多様な教材を使うため、それぞれの教材の特性を理解して作成し、使用してほしい。ただし、パワポが便利だからといって、全授業時間をパワポだけで教えるのは好ましくない。パワポばかりでなく、基本的には一教材が授業時間全体の 30% 以上を占めるのは避けたい。

5. テキスト（Text Book）の工夫

テキストは代表的な印刷物のペーパー教材である。テキストには教科書、参考書、関連書などがある。ペーパー教材の利点としては、以下がある。

＜ペーパー教材の利点＞
（1）**視認性**：パッと見てわかり、ポイントを把握しやすい。
（2）**一覧性**：パソコンなどと違い、全体を一覧しやすい。
（3）**記録性**：メモなどをすぐ書き込み、記録できる。

(4) **再現性**：何度でも読み直しが可能である。
(5) **保存性**：長く保存でき、価格も比較的安価である。

　このような利点があるので、電子メディア万能の現在でも、消え去ることはない。基本的にはテキストは個人の教材なので、視聴覚教材とうまく連動を図り、使用することが望ましい。

　また、授業に注意を集中させるには、授業中はテキストを閉じたままにさせることを考えてもよい。ある教師はテキストを閉じさせ、授業中はシートとノートのみを使用し、学生たちに要点をその場で書き込ませることにより、記憶を強化する展開をしている。

6. シート（Sheet）の工夫

　シートも代表的なペーパー教材である。これは主に練習や演習、予習、復習などに用いられる。したがって、体得のためのツールといえる。
　前述のように3種に分けられるが、種類別の個別シートを列挙しておこう。

＜種類別の個別シート＞
(1) 要約シート
①**レジュメ**：授業内容を記入し、授業の最初に配布する。工夫としては、すべてを字で埋めずに間隔をあけ、記入欄を作るとよい。
②**集約シート**：授業内容のポイントを記入し、授業の最後にまとめとして配布する。
(2) 情報シート
①**事例シート**：事例を紹介したもので、事例研究などで使用する。
②**資料シート**：新聞、雑誌、書籍の一部などをコピーした資料である。
(3) 演習シート
①**演習課題シート**：演習のテーマや、課題の情報を載せたシートである。
②**演習手順シート**：演習の進め方を記入したシートである。
(4) その他のシート
①**試験シート**：試験やミニテストなどのシートである。
②**Q&Aシート**：課題に関するQ&Aを載せたシートである。
③**クイズシート**：クイズやパズルを載せたシートである。
④**予習・復習シート**：予習や復習の課題を記入したシートである。
　このようにシートはさまざまなものが考えられる。授業に応じて多彩な展開

を考えたい。

Ⅷ. 教室全体のチェックリストと教室のレイアウトを考える

　授業にとって教室は大変重要なファクターである。ここでは、まず教室全体のチェックリストと教室のレイアウトを考える。

1. 教室全体のチェックリスト

　教室はどうあるべきか、全体のチェックリストをあげておこう。
＜教室全体のチェックリスト＞
(1) 教室の広さは適切か
(2) 教室のレイアウトは適切か
(3) ホワイト・ボード、スクリーン、スピーカーなど設置機材は良いか
(4) 教育メディアの機材や教材の準備は良いか
(5) 照明、空調など基本設備に問題はないか
(6) 教室の壁、床、天井など、素材と色彩はコーディネートされているか

　以上が全体で気をつけるべきことだが、重要ポイントの(2)と(4)にしぼって、以下に論じる。

2. 教室のレイアウト

　教室は基本としては大部屋が望ましい。それは、さまざまなレイアウトが組めるからである。しかし、少人数での授業を大教室で行うのは効果的ではない。そんな時には、パーテーションなどで区切る工夫をしたい。
　次にレイアウトだが、基本は以下の4タイプに分けられる。
＜教室レイアウトの4タイプ＞
(1) **全体講義型**（二の字型）：いわゆる教室型である。日本の学校はこのタイプが多い。
(2) **対面講義型**（コの字型）：コの字のような形で参加者がお互いに見合うことができる。最近このスタイルをとる学校が増えてきた。
(3) **演習討議型**（ロの字型）：演習などグループ活動に用いられるタイプ、少人数メンバーが囲んで話せるので親近感が増す。
(4) **両用活用型**（二・ロ字型）：教室が広ければ、講義と演習を交互に実施する場合には大変便利である。筆者がよく使うレイアウトである。

図表5　教室レイアウトの4タイプ

1. 全体講義型（二の字型）

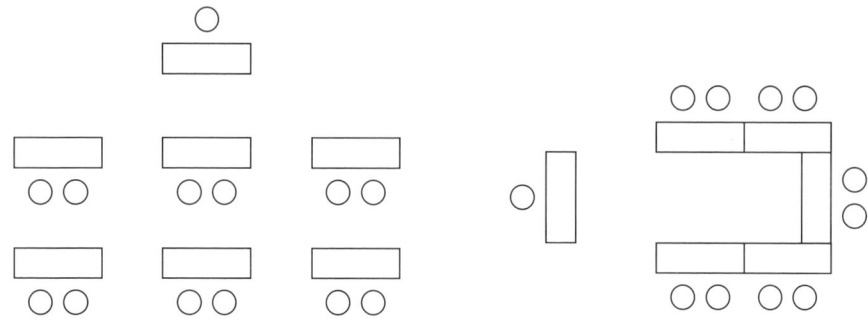

2. 対面講義型（コの字型）

3. 演習討義型（ロの字型）

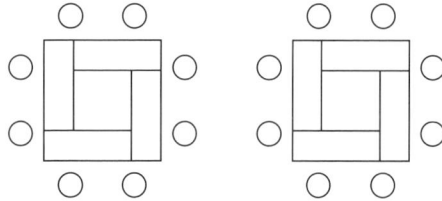

4. 両用活用型（ニ・ロ字型）

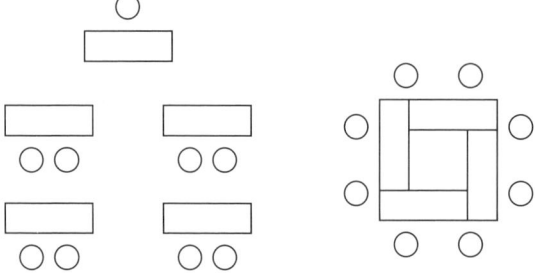

Ⅸ. 教育メディアの分類と種類

　教室に配備される教育メディアはさまざまあるが、それぞれの働きは異なる。各メディアの特質を生かして、活用したい。

1. 教育メディアの3つの分類

教育メディアを機能別に分けると、次の3つに分類される。

＜教育メディアの機能別3分類＞
(1) **情報入力**：情報の入力が主体のメディア
(2) **情報出力**：もっぱら情報を出力するメディア
(3) **情感刺激**：参加者の情感に迫るメディア

　近年はパソコンなどのように、情報入力、情報出力を兼ね備えた両用メディアが増えている。また、BGMやBGV（Back Ground Video）など、情感を刺激するメディアも増えている。

図表6　教育メディアの種類

機能＼種類	電子系				ボード・ペーパー系	
	視覚系		聴覚系	視聴覚・ICT系	ボード・パネル系	ペーパー・実物系
情報入力	電子黒板 デジカメ	印刷機 コピー機	テレコ ICレコーダー CD テープ	パソコン パワポ ネット教材 DVD ビデオ教材 DS PSP	白板 黒板	模造紙 シート ノート カード
情報出力		OHC （実物投影機） スクリーン スライド	ラジオ ラジカセ	プロジェクター プレーヤー テレビ	パネル 地図 チャート	テキスト 参考書 印刷教材 （実物系） 模型 実物
情感刺激	DVD ビデオ映像 BGV		BGM CD	BGV DVD ビデオ映像	写真 絵画	ポスター

2. 教育メディアの5つの種類

　教育メディアの種類には、前記（図表6）のような種類がある。全体としては「電子系」と「ボード・ペーパー系」とに分かれる。
　さらに、電子系は、「視覚系」「聴覚系」「視聴覚・ICT系」の3種類に分かれ、ボード・ペーパー系は、「パネル・ボード系」「ペーパー・実物系」の2種類に分けられる。そして、それらも機材と教材が含まれる。
　以下、機材と教材に分けて代表的なものをあげておく。

＜教育メディアの種類と代表的な機材・教材＞
(1) 電子系
①視覚系：
　　（機材）電子黒板、デジカメ、コピー機、OHC（実物投影機）、スクリーン
　　（教材）スライド、DVD、ビデオ、BGM
②聴覚系：
　　（機材）テレコ、ICレコーダー、ラジオ、ラジカセ
　　（教材）テープ、CD、BGM
③視聴覚・ICT系：
　　（機材）パソコン、プロジェクター、プレイヤー、テレビ
　　（教材）パワポ、ネット教材、DVD、VTR、BGV、DS（任天堂）、PSP（ソニー）
(2) ボード・ペーパー系
①パネル・ボード系：
　　（機材）ホワイト・ボード、黒板、パネル
　　（教材）チャート、掛図、地図、写真、
②ペーパー・実物系：
　　（教材）摸造紙、シート、ノート、カード、テキスト、参考書、印刷教材、模型、実物

　そのほか、さまざまな機材や教材がある。これら機材や教材を授業場面に応じて上手に組み合わせ、適切に活用することが望まれる。

Ⅹ．教師力の6力と教育メソッド

　教師力のすべてを教育メソッドで養成することはできない。ここでは教師力の何を、教育メソッドで養成できるかを考えてみる。

1. 教師力の何が、教育メソッドで育成できるか

　教師力は前述のように「人間力＝①人格力、②教養力」、「社会力＝①対人力、②解決力」「教育力＝①専門力、②教授力」と大きくは3つ、個別には6つの能力に分かれる。この中で、教育メソッドで育成できる能力は何だろうか。
　まず人間力は、「人格力」も「教養力」も日頃の研鑽で磨くしかない。ぜひ上質な教師を目ざし、向上心を絶やさないでほしい。次に教育力の「専門力」も各専門でそれぞれ内容は異なるので、各人の努力を待ちたい。
　しかし、教育力の「教授力」と、社会力の「対人力」「解決力」の2力は、

教育メソッドで育成できる能力といえる。

2. 教育メソッドの5分類と育成する教師力の能力
　本書では、教育メソッドを以下の5種類に分類した。
(1) 教授メソッド
(2) ICTメソッド
(3) 対人メソッド
(4) 相談メソッド
(5) 解決メソッド

　まず教授メソッドとICTメソッドは、教師力で「教育力」の中の「教授力」育成の技法である。教授メソッドは教師にとって基本の教授法であり、ICTメソッドはICTを活用しての教授法である。

　教師力の「社会力」育成の技法には、「対人力」育成に、相談メソッド、対人メソッドが含まれる。また、「解決力」の育成には、解決メソッドが使える。

　各教育メソッドが教育手順のどのステップに位置づけられるかを載せた図が、「教育メソッド」の体系図（図表7）である。

　「教授メソッド」と「ICTメソッド」は「知識・技術の習得」が主要な目的なので、「興味」「知得」「納得」のステップで活用される。

　一方、「対人メソッド」「相談メソッド」「解決メソッド」は「知識・技能を体得させる」のが主要目的である。それに加えて「興味」を持たせることにも使えるので、「興味」「納得」「体得」のステップで活用されるとした。

図表7　「教育メソッド」の体系図

教育手順	教育メソッド	教授メソッド	ICTメソッド	対人メソッド	相談メソッド	解決メソッド
興味	知りたい (Interest)	○	○	○	○	○
知得	知っている (Know)	○	○			
納得	わかった (Understand)	○	○	○	○	○
体得	使える (Master)			○	○	○
体験	実践できる (Experience)	社会体験（家庭体験、修学旅行、職場体験など）				

XI. 教育メソッドの種類と個別技法

　本書では教育メソッドを5つに分類し、合計30技法を取り上げた。各分類での個別技法の内容とその概要を、以下で解説する。

1. 教授メソッド

　新しい教え方が大変増えてきた。この教授法の中で、教授メソッドでは、ICT技法を除きさまざま取り上げた。掲載した技法は8技法だが、それぞれについて概要を説明する。

(1) フィンランド・メソッド

　フィンランドはOECDによる教育力の国際調査PISAで上位を占め、その教育法が、俄然、世界の注目を浴びた。このフィンランド・メソッドについて日本で最も詳しい筆者の解説である。

(2) 論理思考法

　論理思考法は、ビジネスの世界では大変重視されている。世界では子どもの頃からの育成が叫ばれているが、日本ではあまりその声は聞こえない。筆者はビジネスコンサルタントで、この分野の専門家である。

(3) 授業プレゼンテーション法

　プレゼンテーション法も、ビジネス界では大変重要な技法として、多くの人々が学んでいる。ビジネス界での技法を学校現場に紹介する。筆者はビジネスコンサルタントで、この分野を長年手がけてきた。

(4) 創育発問メソッド

　発問は、「引き出し型」の教育にとって大変重要な技術といえる。教師からの発問、生徒からの質問、これがこれからの授業には欠かせない。筆者は教育心理学のこの分野の研究者である。

(5) 思考深化板書法

　板書は、まだまだ日本の学校教育では主流の授業術といえる。学校現場で40年以上教鞭をとり続けた筆者は、板書に関する寄稿も数多い。そのエキスを解説する。

(6) 文章作成法（アウトラインチャート）

　文章作成も、他国に比べて日本の学校教育ではあまり行われていない。しかし最近、大学入試などで小論文が出されるようになり、俄然、必要性が叫ばれている。筆者は大学や予備校でこの教育に当たっている専門家である。

(7) BRD（当日ブリーフレポート）

大学などでは各種レポートの作成はかなり行われている。しかし、小・中・高ではそれほど重視はされていない。筆者はBRD（当日ブリーフレポート）という独自の技法を開発し、実践している。

(8) ポートフォリオ評価法

授業にとって、評価は授業改善のための大変重要な手段である。評価にポートフォリオという新しい切り口を入れたのが、この評価法である。筆者はこの研究者である。

2.ICTメソッド

先進国の学校でICTの活用が日本ほど遅れている国はない。せめてこれくらいは習得してほしいと考える技法を4技法に絞って紹介した。

(1) ICTプレゼンテーション作成法

現在のビジネス界では、プレゼンテーションをパワーポイントで行うことは基本の基本である。学校の授業でも、先進国の授業では頻繁に活用されている。筆者はパソコン教育の若手の専門家である。

(2) 授業デザイン法

授業をどのように組み立てるか、授業デザインの技法が注目されている。この主要技法のインストラクショナル・デザイン技法を元に、この道の専門家の筆者が解説する。

(3) インターネット活用法

情報の入手にインターネットは今や必須の手段といえる。インターネットを授業の準備に、また授業中にどのように活用したら効果的かなど、この分野の若手専門家が解説する。

(4) ICT授業評価システム

授業評価は、ICTの活用で容易に、スピーディーにできる。また、教室以外でも実行できるので、多様な展開が可能になる。長年この研究と実践に携わってきた筆者が解説している。

3.対人メソッド

対人メソッドは、対人コミュニケーション能力向上の技法である。対人コミュニケーション能力は、社会に出てから最も求められている能力である。掲載

した技法は以下の7技法である。

(1) 積極的傾聴法

積極的傾聴法は、アクティブ・リスニングの訳であるが、カウンセリング技法の中では、教育界で最も活用されている。上手な聞き方はコミュニケーション能力の基本の1つである。筆者はこの分野の第一人者である。

(2) アサーション法

アサーションは、自分の意見を、相手を充分に尊重して表明する方式で、積極的傾聴法と対になる技法といえる。筆者は家族カウンセリングの専門家で、アサーション法についての研究・実践家である。

(3) 協同学習法

協同学習法は、引き出し型の教育にとって欠かせない技法といえる。協同学習とは何か、そしてどう進めるか、そのポイントを、研究会の代表を務める筆者が解説する。

(4) 教育ディベート法

ディベート法は、ビジネス界の教育訓練法として必須のものになっている。教育界にもこの技法はかなり以前に導入されている。筆者は学校現場でこの技法を多様に展開してきたベテランである。

(5) 教育アクションラーニング

アクションラーニングは、質問中心に討議を進行して問題解決を図る技法で、ビジネス界で注目の技法である。教育界でも、最近は活発に活用されるようになった。筆者はこの技法を日本に導入した第一人者である。

(6) 教育コーチング

コーチングは、ビジネス界で部下指導に活用されている技法である。学校でも学生指導に幅広く活用されるようになってきている。筆者は教員対象にこの技法を長年指導している。

(7) ソーシアル・スキルデベロップメンット

ソーシアル・スキルは、アメリカで開発された技法で、学生たちが社会に対応できるように、社会での基本的なスキルを教育するものである。筆者は長年この技法をアメリカで研究・実践してきた。

4. 相談メソッド

相談メソッドは、学生や保護者などとのカウンセリング関連の技法である。各種教育相談、進路相談、キャリア・カウンセリングなどで活用される。掲載した技法は、以下の5技法である。

(1) 相談面接法

学生や保護者との面談に、面接法は欠かせない。面接法とはいったい何か、各種の面接をどのように進めるか、相談面接法を教育現場で長年、実施してきたベテランが解説する。

(2) 交流分析法

交流分析法は、対人コミュニケーションのスタイルを分析し、自分のコミュニケーションのあり方を考えるカウンセリング技法である。筆者はこの分野の長年の実践家である。

(3) 観察アセスメント法

学生の実態を把握するための基本は観察法である。その具体的スキルが、観察アセスメント法である。観察アセスメント法とは何か、そしてその進め方を長年研究している筆者が解説する。

(4) 教育リラクセーション（呼吸法）

教育の各種場面でリラクセーションは大変必要性の高い技法といえる。その中で「呼吸法」は基本になる技法である。実際の教育現場で長年実践している筆者が解説する。

(5) キャリア・カウンセリング法

最近、文科省も力を入れているのがキャリア・カウンセリングである。学生に将来を考えさせ、動機づけさせるこの技法を教育現場で長年実践している筆者が解説する。

5. 解決メソッド

教育現場ではさまざまな問題が多発し、解決が求められている。また、これからの学生にとって課題解決力は欠かせない能力である。これらの問題を解決したり、解決能力を伸ばすのが解決メソッドである。以下に、6技法を掲載する。

(1) カード・ブレインライティング法

ブレインライティング法は、大変手軽な発想技法である。本技法はそれをカード化した技法で、発想の後のまとめに、とても有効な技法である。筆者は問

題解決技法の研究者で、本技法を開発した。
(2) サウンド・ブレインストーミング法
　ブレインストーミング法は発想法の最も基本の技法である。筆者は、この技法を学生たちに楽しんで実施してもらうために「音楽」を入れる工夫を施した本技法を開発した。
(3) ブロック法
　発想したものを、内容の同一性でまとめる技法としてはKJ法が著名である。ブロック法はKJ法を身近に使えるように、またグループ技法として効果を高めるために工夫をしたもので、筆者が開発した。
(4) ストーリー法
　発想したものを文章にしたり、スケジュール化するのに使う技法がストーリー法である。このストーリー法の具体的進め方を解説する。筆者は問題解決技法の長年の研究・実践家で、本技法を開発した。
(5) 参画ラベルトーク技法
　授業に学生を参画させることは教師にとって最も重要な仕事といえる。参画ラベルトーク技法は、学生をラベルを用いて参画させるための技法である。筆者は、長年この参画ラベルトーク技法を研究し実践してきた。
(6) CPSI法 (Creative Problem Solving Institute)
　アメリカの創造性研究団体で最大のものは創造教育財団である。この財団が問題解決の手順として掲げているのがCPSI法である。筆者はアメリカで創造性を研究した、この分野の専門家である。

　以上、本書で取り上げた「教育メソッド」の種類と個別技法を載せたが、詳しくは本書を読んで、ぜひ実際の授業にご活用いただきたい。

■参考文献
1 『知識創造の方法論』野中郁次郎・紺野登著　東洋経済新報社
2 『説明を授業に生かす先生』海保博之著　図書文化社
3 『ティーチングメソッド集』静岡産業大学経営学部編集・出版
4 『新訂　教育の方法・技術』松平信久・横須賀薫編　教育出版
5 『会議の進め方』髙橋誠著　日本経済新聞社
6 『教育研修技法ハンドブック』髙橋誠編著　日本ビジネスレポート

第2部　教育メソッド30技法の紹介

1
教授メソッド

グローバル・コミュニケーション力を養成する

教授メソッド

1. フィンランド・メソッド

●技法の概要●

　「フィンランド・メソッド」とは、フィンランドの国語教育のうち、言語技術教育の方法を取り出してメソッド化したものである。

　フィンランドでは、言語技術教育の目的を「言語を介して社会と積極的に関わるためのコミュニケーション力を育むこと」と定義している。この定義の背景には、教育の使命に関する確固たる理念がある。教育の使命とは、社会における個を育むこと。すなわち、現実の社会において、自分ひとりで生きていける人間を育てること。その一方で、現実の社会では、自分ひとりだけで生きていくことはできない。ひとりで生きていかなければならないが、ひとりだけで生きていくことができない社会の現実を前にして、最も必要とされる技能は何か。それがコミュニケーション力だというのである。

　1970年代、フィンランドの小学校教師メルヴィ・ヴァレは、コミュニケーション力の育成についての理念を拡大した。単に国内社会だけではなく、国際社会で生きていくためのコミュニケーション力を育むべきであると考えた。言語技術教育の本質は文化や言語の壁を超えたところにあり、相手が世界中のどこの誰であろうと、コミュニケーションを図ることのできる能力を育むことが不可欠だと主張した。その主張に基づき、ヴァレは30年以上にわたって国語教科書を制作し、同時に、教育現場でコミュニケーション力の育成方法の確立に努めたのである。

　「フィンランド・メソッド」とは、筆者が、ヴァレの理念と方法を基盤とし、教育現場の実践事例を加味して再編した方法である。また、メソッドの目的とする技能を「グローバル・コミュニケーション力」と定義したが、これもヴァレの理念に基づく筆者の造語である。

教育メソッド30技法

●技法の特色●
(1) 高度な技法を容易に学ぶことができる
「フィンランド・メソッド」の淵源は、ヨーロッパの伝統的な対話法と修辞法である。フィンランドでは、その内容の高度さを維持しつつ、「誰でもできる」ことを最大の目的として、目的と方法を徹底的に単純化した。これにより、高度な技法を誰でも容易に学ぶことができるようになったのである。

(2) すべてを対話の中で行う
問題解決に当たっては、教師と児童・生徒、あるいは児童・生徒同士の対話の中で行う。これは、互いに発想・論理・表現を評価・批判しながら深めていくことを目的とするものであるが、コミュニケーション力の育成という観点からすると、時には協力しながら、時には対立しながら問題解決を図るプロセスも重要である。

(3) すべての教科に応用が可能である
本来は国語教育の方法であるが、対話の中で思考・論理・表現を深め、同時にコミュニケーション力を育む手法は、あらゆる教科の指導において応用が可能である。

●技法の手順●

図表1　カルタの例

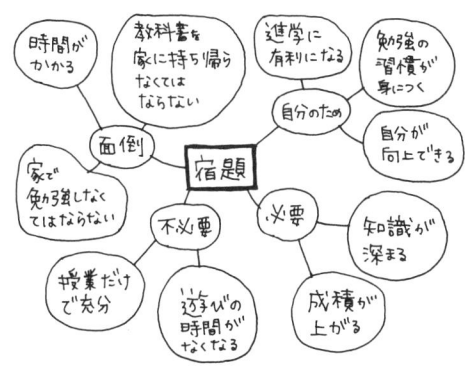

ここでは、何らかのテーマについて、自分の意見を形成し、それを相手に対して論理的に表現するまでの手順について説明する。

(1) 論点を見出す──発想力Ⅰ
テーマを与えられても、言うべきことを思いつかなければ、コミュニケーションは始まらない。そこで、「フィンランド・メソッド」では、発想の道具として「カルタ」を用いる。

これは中心にテーマを書き、そこから思いつくことを放射状に周辺に書いていく方法である。(図表2参照)

この方法では、テーマが中心に書いてあるために発想がブレにくく、また何でも思いついたことを書いてよいので、発想しやすい。また、こうすることによって、テーマと自分の知識・経験とを結びつけることができるので、発想が整理され、テーマについて自分の意見を形成しやすくなるのである。

この方法は単独で行うことも可能であるが、テーマについてペアで、あるいはグループで対話しながら書いていくと発想をさらに広げることができる。

(2) 意見を具体化する──発想力Ⅱ

児童・生徒に意見を述べさせるとき、最初から完璧な意見を形成することを求めてはいけない。「見たこと、聞いたこと、感じたこと、思ったことを即座に言葉にする」のが、「フィンランド・メソッド」の発想法の基本である。とにかく言葉が出てこないことには、対話は始まらない。最初は「好き/嫌い」「良い/良くない」という、直観的な意見でかまわないのである。それを糸口として、意見を具体化するための対話を開始する。

たとえば「宿題が嫌い」というならば、「どこが嫌いなのか？」と問う。それに対して「ここが嫌い」という回答があったら、さらに「そこがどのように嫌いなのか？」と問う。対話の中で、「宿題が嫌いというが、そもそも宿題は必要だと思うか？」というように、新たな論点を与えるのも一案である。こういった対話により、意見を徐々に具体化していくことができる。

(3) 「なぜ？」と問う──批判的思考力・論理力・表現力

ある程度、意見が具体化したところで「なぜそう思うのか？」と問う。「なぜ？」を問うことにより、児童・生徒は自分の発想や言動について批判的に吟味することを余儀なくされる。

ここで、「なんとなくそう思った」というような非論理的な理由付けに対しては、「それでは納得できない」と返答する。また、表現が曖昧でわかりにくい場合は、「それではわからない」と返答する。児童・生徒にとっては苛酷な対話となるが、これによって、相手意識に基づく論理力と表現力を身につけていくことができるのである。

どれほど論理的に正しくても、相手が納得しなければ意味がない。どれほど

正しく美しい表現でも、相手が理解できなければ意味がない。自分の意思を表明するときは、相手が納得するように、相手が理解できるように述べること——これがグローバル・コミュニケーションの基本である。

(4) 型に沿って意見をまとめる——論理力・表現力・批判的思考力

　ある程度、納得できる理由を、理解できるように表現できたところで、次のような「型」に沿って意見をまとめさせる。

> 　私は〜について〜と思います。
> ・なぜなら（最もわかりやすい理由）
> ・それに（次にわかりやすい理由）
> ・また（根拠となる具体例、あるいは自分にとって重要な理由）

　この「型」はあくまでも一例に過ぎず、最初は理由は１つでもかまわない。ただ、理由を３つ考えさせることにより、児童・生徒はさらに自分の発想と言動を批判的に吟味しなければならなくなる。理由は、１つか２つならば思いつくものだが、３つとなると意外に思いつかないものである。

　ここで「型」を用いるのは、このように意見を述べることによって、一般に理解されやすい、あるいは納得されやすいということを教えるためである。

　ただし、ここでも重要なのは、相手が理解し、納得すること。型どおりに意見を述べたとしても、相手が理解しなかったり、納得しなかったりしたら無意味であることを、対話の中で強調しておくことが肝要である。

●技法の活用例●
(1) 相手の言うことを理解するために〜『構成カルタ』の活用

　どれほど自分の言いたいことを論理的に表現できたとしても、相手の言いたいことを理解することができなければ、そもそもコミュニケーションは成り立たない。そこで、相手の言いたいことを理解する練習が必要になる。これには、さまざまな方法があるが、ここでは既存の物語と、前項で紹介したものとは別種のカルタを用いた方法を紹介しよう。

　既存の物語として、ここでは桃太郎の物語を例として取り上げることにする。

まず、次のような図を黒板に書く。

```
桃太郎が桃から    ──→ (1) ──→ (2) ──→    桃太郎が宝物を
生まれた。                                  持って帰ってきた。
```

そして、(1)と(2)に当てはまる1文を考えさせる。要するに、桃太郎の物語を4文で要約させる課題なのであるが、そのためには桃太郎の物語に含まれる情報を批判的に吟味して、最も必要と思われる情報を選別し、それを2文に凝縮しなければならない。この方法には、さまざまなバリエーションがあり、途中のカッコをいくつに設定してもよいし、最初と最後を決めておくだけではなく、途中に1文を挿入しておいてもよい。この訓練を繰り返すことにより、まずはテキストの内容を正確に理解できるようになり、さらには相手の言いたいことも正確に理解できるようになっていくのである。

ちなみに、これもカルタの一種であり、『構成カルタ』という（前項で紹介したカルタは『発想カルタ』という）。この方法は、ペアで、あるいはグループで対話しながら実施すると、なお効果的である。

(2)「なぜ？」と問うことの応用

相手の言動が非常識であると感じられるときや、明らかに間違っていると思われるときであっても、いきなり「非常識だ」と非難したり、「間違っている」と指摘したりするべきではない。まずは「なぜ？」と問うように指導するべきである。自分にとっての常識が、世界のどこでも常識として通用するとは限らない。自分にとっての常識は、相手にとっての非常識かもしれないのである。だから、どれほど受け入れがたい意見であったとしても、即座に否定するのではなく、まずは「なぜ？」と聞かなければならないのである。あるいは、単なる誤解のために、非常識な言動をしているのかもしれない。そのことも「なぜ？」と聞かなければわからないのである。これもまた、グローバル・コミュニケーションの基本である。

教師にとっても、「なぜ？」と問うことは重要である。児童・生徒が明らかに間違った解答をしたとしても、即座に「間違っている」と指摘するのではなく、まずは「なぜ、そのように考えたのか？」と問う。最初から間違えていたのかもしれないし、最後の一歩を踏み外したのかもしれない。あるいは、教師の思いもよらないような方法で、新たな正答を導き出したのかもしれない。こ

ういったことは、「なぜ？」と問わなければわからないのである。
同様に、児童・生徒が明らかに正しい解答をした場合でも、「なぜ？」と聞いてみるといいだろう。たまたま正しい解答に到達しただけかもしれないからだ。

(3) 相手の立場になって考える〜論理力の応用

相手の立場になって考えることは、コミュニケーションの基本とされている。ただし、ここでいう「相手の立場」とは、相手の気持ちということではない。意見の異なる相手とコミュニケーションを図る場合、自分の意見を論理構成する前に、相手の意見を論理構成してみることを意味するのである。

たとえば、自分が「宿題は不必要だ」という意見であり、相手が「宿題は必要だ」という意見だったとする。その場合、まず「相手の立場になって」、前項で紹介した手順に従って「宿題は必要だ」という意見を論理構成してみるのである。こうすることによって、相手の反応が事前に予測することができるため、コミュニケーションをスムーズに進めることができる。また、相手の論理構成を予測することによって、反論の材料を揃えておくことができるのである。さらに、相手の反論も予測できれば、それに備えた論理構成をしておくこともできる。

この意味での「相手の立場になって考える」とは、自分の本心とは異なる意見の論理構成をすることであるため、最初のうち児童・生徒は抵抗を覚えることが多い。だから、まずは当たりさわりのないテーマで、さまざまな論理構成をゲーム感覚で試すように誘導することが大切である。こうして「相手の立場になって考える」ことができるようになれば、グローバル・コミュニケーションへの第一歩を踏み出したといえるのである。

■参考文献
1 『図解フィンランド・メソッド入門』北川達夫著　経済界
2 『フィンランド国語教科書』各種　北川達夫訳　経済界
3 『「論理力」がカンタンに身につく本』北川達夫著　大和出版

北川達夫　　日本教育大学院大学客員教授

ロジックを組み立て相手の納得を引き出す

教授メソッド

2. 論理思考法

●技法の概要●

　「論理思考法」のルーツは古く、アリストテレスの論理学に遡る。アリストテレスは、ギリシャ語で言語、論理を意味するロゴスから「ことば」の学としてロギカ（論理学）を考えた。アリストテレスの論理学とは、「大前提」「小前提」「結論」による三段論法だ。

　三段論法は演繹法として、帰納法とともに現代の論理思考法でも活用されている。現代の論理思考法は、20世紀の経営コンサルタント会社で生まれた。アメリカのマッキンゼー社でコンサルタントが作成する報告書の分析を行っていたバーバラ・ミント（Barbara Minto）がわかりやすい報告書に共通する構造を発見し、『The Pyramid Principle（ピラミッド原則）』(1973年) を著した。

　以後、さまざまな論理思考法が登場したが、ベースとなる手法はミントが提唱した「ピラミッド構造」である。ピラミッド構造とは、ピラミッドの頂点を結論とし、2階層目を根拠もしくは方法として、縦をSo What? ／ Why So?、横をMECEの考え方で構成し、論理を組み立てるものである。

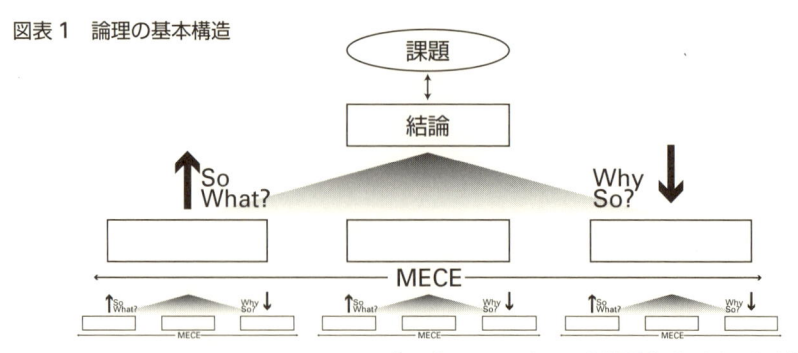

図表1　論理の基本構造

『ロジカルシンキング』照屋華子・岡田恵子著より

(1) So What? とは

「So What?」は、日本語にすると「だから何なの？」「で？」という意味だ。情報やデータをただ羅列しただけでは「So What?」と言われてしまう。そこで、ピラミッドの下から上に向かって情報やデータから何が言えるかを「つまり……」でまとめる。「だから何？」に対する「つまり……」を上位のボックスに入れるのが「So What?」だ。

(2) Why So? とは

「Why So?」は、日本語にすると「なぜそうなの？」「それ本当？」という意味だ。結論としたことが本当にそうなのかという相手の問いに答えるために充分な根拠を、ピラミッドの上のボックスから下に向かって準備する。ピラミッドの上位のボックスが結論、下位のボックスが根拠となり、上から下に向かって「Why So?」の関係が成り立つ。

(3) MECE とは

「MECE」とは、相互に重なりがなく漏れがないという意味の英語「Mutually Exclusive and Collectively Exhaustive」の頭文字をとったものだ。ピラミッドの横に並べられる項目をモレなくダブリない状態になるように部分集合に分けることを「MECE」と言う。

つまり、論理思考法は、ピラミッド構造を用いて自分の頭の中を整理し、相手が納得するように話を組み立てるためのものである。

●技法の特色●

「論理思考法」は、伝えるべきことを理路整然と相手が納得するように伝えるための技法である。伝えたいことをどう伝えれば相手の納得を得られるかがわからない、教えるべきことが山のようにあってどこから教えたらいいかわからないといったときに役に立つ。

話に説得力がないという場合、次のような理由が考えられる。

【説得力がない主な理由】
①伝えようとしていることが明確になっていない
②なぜそうなのかの理由や根拠が述べられていない
③理由や根拠、情報に納得感がない

　これらを克服して相手の納得を得るために「論理思考法」の基本ツール「ピラミッド」がある。伝えたいことを相手の頭の中に起こる疑問に沿ってピラミッド状に構成していくことで、話があちこち飛んだり、伝えるべきことが漏れたり、同じことの繰り返しになったり、話の道筋がずれたりしないようにする。
　「論理思考法」の効用をまとめると、以下のとおりである。

【論理思考法の効用】
(1) 要点をついた話ができるようになる
(2) 全体像を把握することができ、話が迷子にならない
(3) 論理の飛躍がなくなる
(4) 話に漏れがなくなる
(5) 論点のズレがなくなる

　つまり、相手にとってわかりやすく授業や話を組み立てることができるのが、ピラミッド構造を使った「論理思考法」である。

●技法の手順●

　では、ピラミッド構造を使ってどう論理を組み立てるかを説明しよう。論理の組み立て方には、トップダウン型とボトムアップ型の2種類がある。トップダウン型は、ピラミッドの上から「Why So?」「Why So?」とブレークダウンしていく方法だ。一方ボトムアップ型は、ピラミッドの下から「So What?」「So What?」とまとめていく方法だ。
　伝えるべき情報が決まっている場合はボトムアップ型、伝えるべき情報を集めながら考える場合はトップダウン型が適している。ここでは、トップダウン型の思考の手順を説明しておこう。

(1) テーマを決める
　まず、何について考えるかを明らかにする。
　例)「社会科（歴史）16世紀の日本社会」／「国語の読書感想文」／「総合学習について」／「地域とのコラボレーションについて」など

図表2　ピラミッド構造で論理を組み立てる

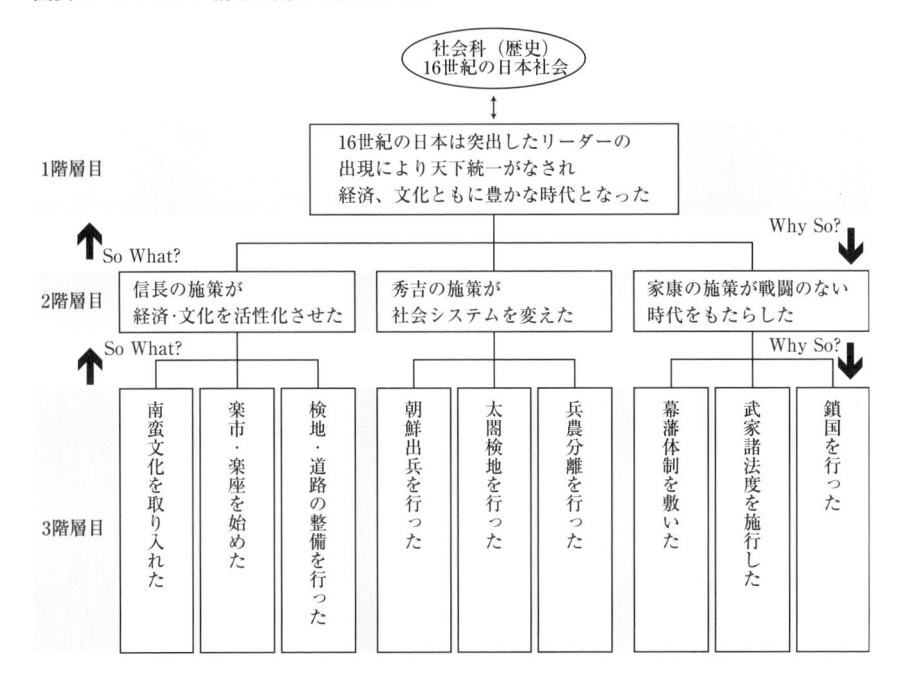

```
                        社会科（歴史）
                        16世紀の日本社会
                             ↕
                    ┌──────────────────┐
               1階層目│16世紀の日本は突出したリーダーの│
                    │出現により天下統一がなされ    │
                    │経済、文化ともに豊かな時代となった│
                    └──────────────────┘
      ↑ So What?                              Why So? ↓
   ┌─────────┬──────────┬──────────┐
   │信長の施策が   │秀吉の施策が    │家康の施策が戦闘のない│
2階層目│経済・文化を活性化させた│社会システムを変えた│時代をもたらした   │
   └─────────┴──────────┴──────────┘
   ↑ So What?                                 Why So? ↓
 ┌──┬──┬──┐┌──┬──┬──┐┌──┬──┬──┐
 │南蛮│楽市│検地││朝鮮│太閤│兵農││幕藩│武家│鎖国│
 │文化│・ │・ ││出兵│検地│分離││体制│諸法│を行│
3階層目│を取│楽座│道路││を行│を行│を行││を敷│度を│った│
 │り入│を始│の整││った│った│った││いた│施行│   │
 │れた│めた│備を││   │   │   ││   │した│   │
 │   │   │行っ││   │   │   ││   │   │   │
 │   │   │た  ││   │   │   ││   │   │   │
 └──┴──┴──┘└──┴──┴──┘└──┴──┴──┘
```

（2）結論を考える

（1）で設定したテーマについて、自分なりの結論を考え、ピラミッド構造の一番上のボックスに入れる。結論はキーワードだけではなく、2～3行の文章で描く。

例）「16世紀の日本は突出したリーダーの出現により天下統一がなされ、経済・文化ともに豊かな時代となった」／「読書感想文は理解力、感応力、表現力を高めるために、内容の整理、自分の考えの表出の2つのフレームで考えさせる」など

（3）Why So? を考える

（2）の結論に対して、「なぜそう言えるのか？」もしくは「どうやってそれを実現するのか？」を2階層目のボックスに入れる。ボックスの中は、文章でしっかり表現する。

例）「信長の施策が経済・文化を活性化させた」「秀吉の施策が社会システム

を変えた」「家康の施策が戦闘のない時代をもたらした」／「本に書かれていることを整理する」「自分の考えを整理する」など

(4) さらに Why So? を考える

(3)と同様に、2階層目に対し「なぜそう言えるのか？」もしくは「どうやってそれを実現するのか？」を3階層目のボックスに入れる。

例)「検地・道路の整備を行った」「楽市・楽座を始めた」「南蛮文化を取り入れた」／「兵農分離を行った」「太閤検地を行った」「朝鮮出兵を行った」／「幕藩体制を敷いた」「武家諸法度を施行した」「鎖国を行った」／「5W1Hで整理してみる」／「著者の考えへの意見」「著者の考えとは関係なく自分で考えたこと」など

(5) So What? と MECE を確認する

下位の階層をまとめると上位の階層で言っていることになるか？ 上位の階層が「So What? ＝だから何？」に答えているかをチェックする。また、同じ階層の項目を足し合わせると必要なすべての項目になっているか「MECE ＝漏れなく、ダブリなく」になっているかをチェックする。

例) 検地・道路の整備、楽市・楽座、南蛮文化を取り入れたことのまとめとして「信長の施策が経済・文化を活性化させた」でいいか？／信長の施策は「検地・道路の整備を行った」「楽市・楽座を始めた」「南蛮文化を取り入れた」で全部か？を確認する。

ここまでトップダウン型でピラミッド構造を作る方法を説明してきたが、ボトムアップ型はこの逆をたどる。下の階層から上の階層へと考えていく。まず、集められた情報をグループにまとめ「So What?」で上の階層へ。次に「So What?」とさらにその上の階層をつくっていく。やはり、同一階層の横の項目が「MECE」になるように気をつけ、できあがったら上から「Why So?」で確認していく。

●技法の活用例●

ピラミッド構造を使った「論理思考法」には、大きく2つの活用方法がある。1つ目は、事前に授業をロジカルに組み立てるための活用。もう1つは授業中、子どもたちの意見や質問をロジカルに整理体系化する際の活用法だ。1つずつ

見ていこう。

(1) 授業をロジカルに組み立てる

　ピラミッド構造は、1回ごとの授業の組み立てから年間の授業の組み立てまで広範囲に活用できる。まず、年間の授業をピラミッド構造を使ってデザインする方法を説明する。1階層目に「1年間で達成するべき授業の目標」、2階層目に「学期ごとの達成目標」、3階層目に各学期の目標達成のために押さえるべき「重要項目」、4階層目に重要項目を実現するための「具体的な方法」を入れる。

　こうすると、下位にある具体的な方法が目標に合致しているかの「Why So?」が確認でき、また、目標達成のための方法論が漏れなく含まれているかの「MECE」が確認できる。さらに、具体的な方法を実施することにより、上位の項目が実現できたかの検証もできる。

　1回ごとの授業も、同様に「この授業の目的」「達成項目」「具体的方法」を階層化して考えると、何のために何をやるかが明確になる。

(2) 意見や質問をロジカルに整理する

　もう1つは、授業中、子どもたちから出てきた意見や質問をピラミッド構造の下位の項目としてとらえ「So What?」でまとめあげ、子どもたちの頭の中の整理に活用する。バラバラな意見が「つまり……」でまとめあげられ、上位の概念を共有することができる。

　また逆に、子どもたちに「Why So?」で事象や事実の背景にあるものや意見や提案の理由や根拠を考えさせることもできる。ピラミッド構造は、実際に描かなくても、頭の中にイメージを描き「Why So?」「So What?」、そして「MECE」

■参考文献
1 『考える技術・書く技術～問題解決力を伸ばすピラミッド原則』　バーバラ・ミント著　ダイヤモンド社
2 『ロジカルシンキング～論理的な思考と構成のスキル』照屋華子・岡田恵子著　東洋経済新報社
3 『クリティカルシンキング』E.B.ゼックミスタ＆J.E.ジョンソン著　北大路書房

内田友美　日本教育大学院大学教授

視覚に訴える授業で学習意欲と理解を高める

教授メソッド

3. 授業プレゼンテーション法

●技法の概要●

(1) 授業プレゼンテーション（授業＋プレゼン÷2）とは？

「授業プレゼンテーション法」は、従来の授業のかかえる問題を克服し、生徒・学生の学習意欲と内容理解を高めるために、新たな観点から授業の革新を進めるキーワードとして概念提示したものである。「授業」と「プレゼンテーション」から成る造語は、もともと出生の異なる概念だが、その互いのプラス面やマイナス面を互いに相補させることで、新しい授業展開が可能となるという仮説に依っている。

図表1は、その両者の概念を対比したものである。カリキュラム全体の中で見ると、1回の授業の位置付けが希薄となりがちな授業に対して、プレゼンテーションは1回きりの発表で、その効果の有無によって評価が下される厳しさを伴う。

図表1　授業とプレゼンテーションの意味の違い

授業	プレゼンテーション
・連続性のある長期目標	・単発性の短期目標
・テキスト準拠のコンテンツ	・ニーズに合わせた狙い・内容
・講義者による定期的な到達度評価	・受講者による講義内容の評価

もちろん、真摯に授業に取り組む教員は、毎授業の到達目標を決めて、それらの目標が達成されたかどうかをよく見極めたうえで、自分なりに客観的評価を加え、次回以降の授業展開に反映させていることだろう。

しかし、その営みの多くは、対象者である生徒・学生の声がほとんど聞かれ

ることなく、自らの企てとして立てた授業を自らの基準で反省するものであって、授業対象者の意見や外部の客観評価を意識して行われることは少ない。テキスト準拠のコンテンツを黙々と消化させていくだけではなく、生徒・児童のニーズを極力取り入れた狙い・内容を含ませていくことが、授業力向上には不可欠の条件となっている。

(2)「授業プレゼンテーション」の課題

そうしたことを踏まえて、「授業プレゼンテーション法」を定義するならば、「被授業者と授業者の協働作業による営みとして行われる授業展開の考え方を示す授業形態」であり、基本要件としては編集力、構成力、発表力、評価力の4スキルが必要である。それら4スキルの増強による「授業のパフォーマンスの向上」(図表2参照)こそが重要な課題であるという仮説に立っている。

図表2　4つの基本要素を基礎とする授業プレゼンテーション

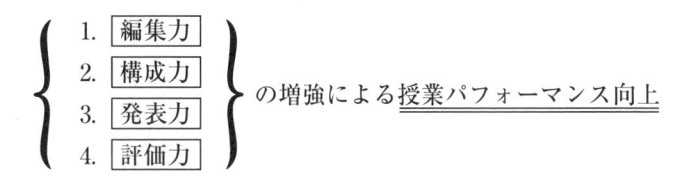

$$\left.\begin{array}{l} 1.\ \boxed{編集力} \\ 2.\ \boxed{構成力} \\ 3.\ \boxed{発表力} \\ 4.\ \boxed{評価力} \end{array}\right\}\text{の増強による}\underline{授業パフォーマンス向上}$$

これらの構成要素を列挙すると、「授業プレゼンテーション法」は非常に手法論的色彩の強さが際立つという指摘も受けそうだが、4スキルの向上だけでは本当の意味で効果性の高い授業を成立させることは難しい。メソッドだけの表面的な使用は、ともすると内容の広がりや深さが欠落して、授業そのものが形式的なものとなる恐れがあるからだ。

本書に登場する、教育コーチング法や参画ラベルトーク技法にしても、理念＆目標志向性のない教授者がただメソッドを使用することになれば、その効果は半減するに違いない。

● 技法の特色 ●
(1) 指導案作成の5ステップと留意点
　では、「授業プレゼンテーション法」の具体的展開のステップについて説明する。
　まず、学習指導案作成の基本ステップとしては、①個別授業ごとの目標設定、②教材内容の検討、③授業テーマに応じた説明・展開のシナリオ作成、④全体のシミュレーション、⑤修正・見直しによる指導案の完成、の5つが挙げられる。これに前項で取り上げた「授業プレゼンテーション法」の課題となるスキルを掛け合わせたものが図表3である。

図表3　学習指導案作成の基本ステップと必要スキルとの関係

	①目標設定	②教材検討	③シナリオ作成	④シミュレーション	⑤指導案完成
編集力	○				○
構成力	○	○	○	○	○
発表力	○	○	○	○	
評価力		○	○	○	○

　①のステップでは、当該授業の眼目は何かについての理解が問われる。これがズレていると、あとのステップがいかに精緻に組み立てられたとしても意味がなくなる。
　①の学習目標が定まれば次に②へと進むが、これにはアイデア発想力が求められる。パッと良いアイデアが浮かぶ人もいれば、いくら時間をかけても陳腐な発想で終わってしまう人もいる。多くの場合、ここでのアイデアは、次のステップ③の内容を伴っていることが多く、「この教材を使えば、こんな展開で生徒・児童の思考・理解を進められる」という授業展開が一緒に湧いてくるものだ。そして、そのアイデアを検証させていくプロセスこそが④であり、これらのステップを経て⑤の指導案完成に至る。

(2) ビジュアル表現を最大活用した授業展開の必然性
　従来の学習指導案の作成でも、これらのプロセスを踏んで行われる場合が多いだろうが、「授業プレゼンテーション法」との決定的違いは、そのシナリオをビジュアル的に表現することを絶対条件として加えているか否かにある。

従来型の指導案のほとんどは、文字で語られるものが多い。そのため、授業テーマを概念的に説明することには優れていても、その内容を受け止める生徒・児童の学習理解力を前提にして組み立てていないために、わかりやすさに乏しかったことは否めない。

図表4　特定分野の知識を充分に習得したエキスパートの理解

| 新たな知識 | | | | | | | → | | A | B | C | D | E | | = | 理解できる |

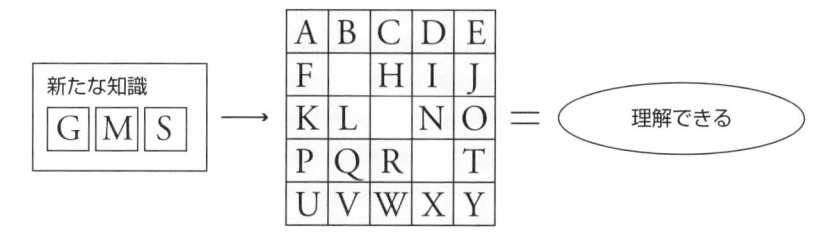

（図：新たな知識 G M S → 5×5のマス目にA-Y（G, M, Sを除く）が配置 = 理解できる）

図表5　前提知識が不足している生徒・児童の理解

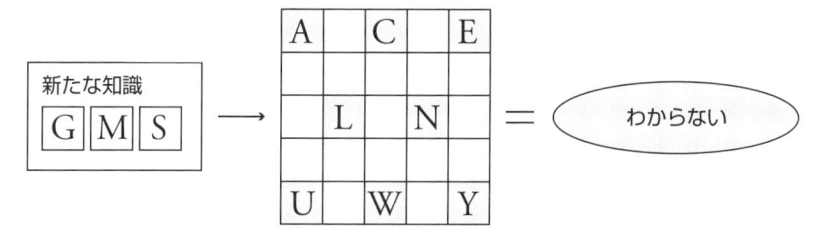

（図：新たな知識 G M S → マス目にA, C, E, L, N, U, W, Yのみ配置 = わからない）

　極端に言えば、その点こそが多くの学習のつまずきを呼び、学習の楽しさから無縁の学校生活を送る生徒・児童を無数に生み出してきたと言える。これは、筆者の思いつきではない。人口知能（AI）の研究成果にエキスパート・モデルというのがあるが、特定分野の知識を充分に習得したエキスパートの場合には、新たな情報や知識が入ってきても、それを類推しながら理解することができる（図表4）のに対して、前提知識の不足している生徒・児童の場合には、新たな知識をうまく既存の知識の引き出しに入れることができずに、いわゆる「わからない状態」に陥ることになる（図表5）。

　たとえて言えば、ピクチャー・パズルの枚数をたくさん持つ専門家と、枚数の少ない素人との差である。前者は、埋め込むべきパズルのカードがどこに入るかのおおよその見当がつくのに対して、後者の場合は、パズルのカードのどれもが頭の混乱を呼ぶものであり、まさにお手上げの状態が生まれてしまうのである。

図表6 論理的な理解とは一味違った感覚的な理解を促すビジュアル表現の数々

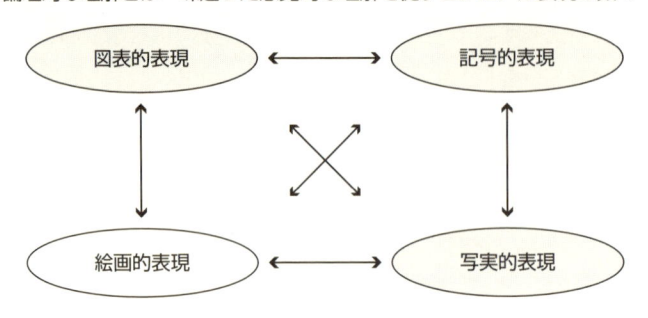

```
    図表的表現  ←→  記号的表現
       ↑  ╲    ╱  ↑
       ↓   ╳    ↓
       ↓  ╱    ╲  ↓
    絵画的表現  ←→  写実的表現
```

　複雑に絡み合う近代以降の歴史的事件の説明や、数学や自然科学上の法則の説明にしても、ビジュアルに表現することで、言葉表現の限界を乗り切ることができる。ビジュアルと言っても、図表的表現、絵画的表現、記号的表現、写実的表現、などの多様性ある表現は、論理的な理解とは一味違った感覚的な理解を促すのに有効だろう（図表6参照）。

●技法の手順●

(1) 16コマからなる授業プレゼンテーション法の基本プロセス

　具体的に、「授業プレゼンテーション法」を展開するために使う帳票としては、図表7を用いる。
　まず、授業で伝えたい事柄をいくつかのテーマに絞り込み、それを16個から成るコマにビジュアル的に表現を入れていく。これは、あくまでも下書き程度のものであるから、ディテイルにこだわる必要はない。限られたコマに埋め込む作業は、不必要な説明を極力排除するとともに、盛り込むべき事柄の説明を外さないメリットを生む。
　次に、その16コマで表現する授業の流れを図表8として考えていく。そうすることで説明の過不足がわかるので、最初に考えた図表表現を書き改める必要性が発見できる。また、16コマの全体の成り立ちを階層的にとらえなおすことから、授業全体をいくつかのステージに区分けして（図表8では4区分）、それぞれの説明・解説の力点を検討することができる。

(2) 1枚のスライド説明時間を最大3分×全体の所要時間＝48分

　こうして、おおよその流れが確定したら、これら16コマを別の図表（図表7

図表7　16コマ図

1	2	3	4
5	6	7	8
9	10	11	12
13	14	15	16

図表8　全体の流れ

授業全体の流れ	
1	9
2	10
3	11
4	12
5	13
6	14
7	15
8	16

の各コマの大きさを拡大したもの／本稿に付表なし）に改めて書き込んでいく。図表7も8も、このフォーマットを使うことが基本だが、パワーポイントに手慣れているなら、パソコンで作業を進めても差し支えない。

要は、できるだけ言葉による表現を排して、図表表現によって授業のテーマを伝えていくことになる。従来のテキストベースで進められる授業展開に慣れ親しんでいる者にとっては、最初は戸惑いがあるかも知れないが、表現の多様性が自覚できるようになると、説明する楽しさが倍増することは実証済みである。

ちなみに、16コマの数だが、一般的なプレゼンテーションでのスライド枚数では、10分程度の枚数である場合が多い。しかし、ここでは授業のプレゼンテーションであるため1枚のスライド説明に費やす時間を最大3分と見積もった場合、全体の所要時間が48分と考えてのコマ数である。

テーマに応じて枚数を増減させるのは、授業者のフリーハンドだが、16枚を基準に設計すると授業時間に納まる「授業プレゼンテーション法」が可能となることを付け加えておく。

●技法の活用例●

「授業プレゼンテーション法」は、小・中・高等学校での各科目授業で実践することが可能である。概念論から入る一般的な授業の在り方を見直して、生徒・児童の理解力を高めるために、本メソッドが果たす役割は大きいだろう。

■参考文献
1『創造性科学論』井口哲夫著　白桃書房
2『「わかり方」の研究』佐伯胖著　小学館
3『教育方法学』佐藤学著　岩波書店

井口哲夫　日本教育大学院大学教授

16の発問パターンで創造的思考力を育てる

教授メソッド

4. 創育発問メソッド

●技法の概要●

　「創育発問メソッド」とは、筆者が提唱した次の16個の〈創造的思考の原理〉を使って、創造的思考力を育むための発問（質問）パターンを収録したものである。

【16の創造的思考の原理】

　①拡張、②焦点化、③観点変更、④逆発想、⑤分類・分解、⑥再分類・再編成、⑦加減、⑧結合、⑨変換、⑩具象化、⑪連想、⑫反復検討、⑬類推、⑭仮説演繹法的発想、⑮背理法的論証、⑯弁証法的解決

　これら16の思考原理に基づいて、創造的活動（新しい問題の解決、研究における新理論や新概念の提唱、芸術などの創作活動など）のための新しいチェックリストの作成を試みた。この新チェックリストは、包括的なものとして広く活用できるものである。

　それらを、教師用に、創造性発問（質問）パターンとして技術化したものが、「創造性発問パターン16（CQP16）」である。

　紙面の都合で、すべてを掲載できないので、①、③、④、⑧の4つの思考原理を取り上げて概説する。

(1) 拡張

　考える（考慮・用意すべき）範囲や適用範囲を押し広げてみること。さらには、他のやり方・方法を考えてみること。

　拡張方略をチェック項目としてパターン化すれば、次のようになる。

①思考範囲の拡張

　「考える（用意する）のは、これだけでいいだろうか」「さらに何を考えなく

ては（用意しなくては）いけないかな」
②適用範囲の拡張
「では〜の場合はどうなるだろうか」「〜についても、同じことが言えるだろうか」「〜についても、同様にうまくいくだろうか」「〜の場合も、やはりうまくいかないのだろうか」
③方法の拡張
「他のやり方はないだろうか」「もっと良いやり方はないだろうか」「もっと効率のよい（ムダの少ない・便利な・スマートな・スッキリした・安価な・安全な）やり方はないだろうか」「もっときれいに作れる（見栄えのする・美味しく作れる……）やり方はないだろうか」

(2) 観点変更

　観点を変えてみることにより、新発見ができたり、問題やトラブルの解決の糸口が得られたり、統一的な理論・見解が生み出されたりする。これには6つの方略があるが、ここでは3つ取り上げて、項目化してみよう。
①注視点ないし着眼点の変更
　「違った角度（こちら・あちら・右方・左方・斜め）から見たら、どうなるだろうか」「注視点を変えたら、どう見えるだろうか」
　これは、対象物の新しい特徴・長所・短所などを見抜くための方略である。
②態度の変更
　「もし態度を変えたら、相手はどう出てくるだろうか」「こちらの態度を変えたら、相手はどう変わるだろうか」「どのように態度を変えたら、うまくいくだろうか」「もし好きになったら（もう少し距離をおいたら、下手に出たら強気に出たら）、どうなるだろうか」
　これは、対人的トラブルの解決や対人関係の改善のための方略である。
③対人的立場の変更
　「もし自分が〜さんの立場だったら、どうなる（どう感じる・考える）だろうか」「もし自分が〜した（された）としたら、どんな思いをする（どのように感じる）だろうか」

これは、他者理解の深化と対人関係の改善のための方略である。

(3) 逆発想

文字どおり逆に考えてみること。地動説や相対性理論、精神分析学の提唱はその代表例である。

「もし〜ではなく、その逆（反対）だったら、どうなるだろうか」「〜ではなく、その逆（反対）にやってみたら、どうなるだろうか」「〜でダメなら、その反対にしてみようか」「目的は同じでも、方法・手段は逆でもうまくいくだろうか」「同じ条件でも、逆の結果になることはないだろうか」

(4) 結合

結合の方略は、その結合要素の数の観点から、〈一対結合〉〈トリプル結合〉〈カルテット結合〉〈多数結合〉の4種類に分けられる。

また、結合方略は、結合要素の同質 - 異質の次元から、〈同質結合〉〈異質結合〉〈同質・異質同時結合〉の3つに分けられる。

さらには、要素同士の接近 - 遠隔の次元から、〈近接結合〉と〈遠隔結合〉に分けられる。これらの方略を項目化すれば、次のようになる。

「何と何とを使えば、うまくいくだろうか」「〜と〜を関係づけたら（取り合わせたら、同時に使ったら）、よいだろうか」「〜を作るには、どんなものを材料にすればよいだろうか」「〜は何から作られているだろうか」「離れているもの同士を結びつけて（関係づけて）みてはどうか」「一見無関係なもの同士の間に密接な関係はないだろうか」

● **技法の特色** ●

周知のように、従来、創造的思考の技法の1つに「チェックリスト法」があり、「オズボーンのチェックリスト」が有名である。それはそれとして有効ではあるが、それは、本来必要なものを網羅しているわけではない。

そこで筆者は、既存のものを踏まえ、かつ筆者の提唱した16の〈創造的思考の原理〉に基づいて、新しいチェックリストの作成を試みた。そして、それらをほぼそのままの形で、教師のための発問パターンとしても活用できる、と直観した。それが、ここに示す「CQP16」である。

従来、学校で多くの教師が使ってきた発問パターンは、理由・訳を尋ねるも

の(「なぜ、～だと思う」)や、知識の有無を確認するための発問が主であった。しかも、要求している解答は、多くの場合、1つの正解であった。つまり、収束的思考の"催促"であった。また、ヒント的発問や、創意工夫のための助言的発言も決して充分であるとは言えない。このような状況では、創造的思考力はおろか、論理的思考力も充分には育たない。

　その点を改善するための発問技法が「CQP16」である。ここに提唱された16種類の発問パターンは、後に具体例を示すように、特定の教科や教育活動に限定することなく、広く活用可能である。また、実際の活用に当たっては、特別のスキル訓練を要するものではなく、その気さえあれば容易に活用できるであろう。

●技法の活用例●
(1) 拡張の発問例
〈思考範囲の拡張〉
①「終わった⁉　どれどれ。本当にそれでいいかな。もう一度見直してごらん」
②「おー、できたか。何か大事なものを忘れていないかな」
③「乗り遅れた場合のことを考えておいたかな」
④「試験（試合）の前日、病気になったり、ケガをしたりした場合のことを考えてみたかな」etc.
〈適用範囲の拡張〉
①「では、両棲類（爬虫類・鳥類）の場合はどうかな（同じことが言えるかな）。考えてみよう」
②「では、海水の中でも、同じになるだろうか」
③「では、私たち日本人（他の時代、他の町など）の場合は、どうだろうか」etc.
〈方法の拡張〉
①「できた⁉　よかったね。では、他のやり方があるかどうか、考えてごらん」
②「できた⁉　よかったね。もっと簡単な（やりやすい・有効な・上手にやれる・きれいにできる・見栄えがする・安全な・安価な）やり方がないかどうか、考えてみてはどうかな」etc.

(2) 観点変更の発問例

① 「では、見る角度を変えて、こちらから見てごらん。どう見えるかな」(〈注視点の変更〉)
② 「おお、色に着目して見てみたんだね。では今度は、形(大きさ・重さ・安全性・機能性など)の観点から見たら、どうなるだろうか」(〈分析・評価観点の変更〉)
③ 「もし君(あなた)が、~さんの立場だったら、どうなる(どう感じる・考える)だろうか。「もし君が、~君と同じくいじめられたとしたら、どう? どんな気持ちになるかを考えてごらん」「君たちは、いじめられている~君の気持ちを考えてみたことがあるかい?(ちょっと間をおいてから)よーく考えてごらん」」(以上、〈対人的立場の変更〉)

(3) 逆発想の発問例

① 「"急がば回れ"という諺を知っているよね。ここは、まさしく急がば回れで行ってみてはどうだろうか?!」
② 「では、押してダメなら、どうすればいいかな?」
③ 「りんごや柿、じゃがいもの皮をむくとき、みんなはどのようにしているかな。ナイフや包丁を動かしていないかな。ナイフや包丁を動かすのではなく、反対に、りんごや柿、じゃがいもの方を動かすようしてみてはどうだろうか。実際にやってみてごらん」
④ 「力を入れてもうまくいかないなら、どうしたらいいかな」
⑤ 「速く突きたかったら、速く突こうとしないで、速く引こうとしてみてはどうだろうか。実際にやってごらん」
⑥ 「"失敗しないようにしよう"と思うあまり、失敗してしまう経験はないかな? だったら、その逆に"失敗してみようか"と思ってみてはどうだろうか」
⑦ 「思い切り蹴ろうとするなら、蹴る方の脚に力を入れるより、むしろ立ち脚(軸脚)のふん張りを強くしてはどうかな」(サッカーや空手道の場合)
⑧ 「いっそのこと、後退色を使ってみてはどうかな」
⑨ 「縦長にするのではなく、反対に、横長にしてみてはどうかな」

(4) 結合の発問例

① 「たとえば本棚という名称は2つの漢字からできているね。これ以外にも、漢字2つでできている名称(名字・地名など)はたくさんあるよね。どんなも

のがあるか言ってごらん」「この本箱は、木と釘で作られているね。では、これ以外に、2つの要素からできている（作られている）ものに、どんなものがあるかな」「水は、水素元素と酸素元素から成っている（水素元素と酸素元素の化合物である）のを勉強したよね。さあ、水以外にも元素2つから成っているものに、どんな物質があると思う？」（以上、一対結合）
② 「たとえば小早川という名字（東松山という地名、機関車という名称）は3つの漢字からできているね。これ以外に、漢字3つでできている名字（地名、名称）には、どんなものがあるだろうか」（以上、トリプル結合）
③ 「たとえば集団登校という言葉は4つの漢字からできているね。これ以外にも、漢字4文字でできている名称や言葉がけっこうあるけど、どんなものがあると思う？」「たとえば東西南北という言葉は漢字4文字だね。また、東奔西走も、そうだね（これらの意味を説明する）。これは四字熟語と言うんだよ。このように漢字4文字から成る熟語がけっこうあるけど、どんなものがあると思う？　辞典で調べてみようか（以上、カルテット結合）。
④ 「では、5つ以上の要素からできているものに、どんなものがあるだろうか。探してみよう」（多数結合）
⑤ 「漢字の成り立ちについて、考えてみようか」（画数・片と作りなど）

　以上のようなさまざまな発問を、各教科の授業中に、またその他の活動場面で受けていれば、いつしか、子どもたちは家庭学習や試験の際に、自問自答という形で、自分一人で試みるようになっていくだろう。つまり、創造性チェックリストの自動的成立である。

■参考文献
1 『新しい創造性教育の構想（その3）―授業中の発問を通しての創造的思考力の育成』江川玟成著（日本教育心理学会第40回総会発表論文集，1998.）
2 『子どもの創造的思考力を育てる16の発問パターン』江川玟成著　金子書房
3 『新編・創造力事典』高橋誠編著　モード学園出版局

江川玟成　　十文字学園女子大学教授

思考の発想・過程・定着を図り深化させる

教授メソッド

5.思考深化板書法

●技法の概要●

　わが国の140年にわたる学校教育の歴史の中で、「発問」と「板書」は、教師の二大技法と言われてきた。これらの技法の必要性は今日においても不変である。

　そして今や、「板書」は、黒板・緑板・白板に向かって、チョークやマジックインクなどで書くというだけではなく、模造紙や画用紙などを使ったパネルやOHP、ビデオデッキやパワーポイントなどと併用しつつ、板書を活用するような時代になってきた。

　そこで「思考の発想・過程・定着を図る効果的な板書法」を中心に、新しい板書法について述べる。

●技法の特色●

　板書の特色はさまざまであるが、筆者は、板書の言語機能の上から次の4つがあると考えている。
①学習目標や内容など伝え合う力を高める（伝達交流機能）
②考える力を深める（思考深化機能）
③視覚でとらえる力を確かめる（認識確認機能）
④新しく創出する力を与える（創造喚起機能）
　上記の4つの機能は、板書の目的や方法などに応じて有機的に関連しているものである。ここでは②の「思考深化機能」を中心に述べる。

```
┌─────────────────┐
│  新しい板書法の特色  │
└─────────────────┘
         ▼
┌─────────────────┐
│ 1. 伝達交流機能    │
│ 2. 思考深化機能    │
│ 3. 認識確認機能    │
│ 4. 創造喚起機能    │
└─────────────────┘
```

●技法の手順●

(1) 授業の過程における板書の基本手順
①授業の始め………学習目標や問題意識を喚起するための板書
②授業の展開………学習内容や思考の流れを中心とした板書
③授業の終末………学習の結果や思考の定着を中心とした板書

(2) 思考を深めさせる「思考深化の板書」の手順
①思考の発想を練るための板書
②思考の過程を明確にするための板書
③思考の定着を図るための板書

```
┌─────────────────┐
│  思考の深化を図る板書法  │
└─────────────────┘
         ▼
┌─────────────────┐
│  発想→過程→定着   │
└─────────────────┘
```

●技法の活用例●

(1) 思考の発想を練るための板書法

　次ページの【板書例A】は、「将来、最も役に立つ教科は何か」という論題で、パネルディスカッションを行った模擬授業の一例である。中学3年生を仮想対象として、現場の中学校教師に筆者が指導・助言をした。

　各グループで話し合った内容を模造紙に書いて、プレゼンテーションをしている風景である。ちなみに、この論題に対する教科は「体育・英語・国語・数

学・技術家庭」の5科目であった。

　黒板には、白チョークで文字が書かれ、論題は枠を赤チョークで囲んでいる。左右の緑板には、模造紙が貼られている。たとえば、「国語」を選んだCグループは、その理由として「コミュニケーションの基礎」「すべての教科の基礎」「思考・判断の手段」「日本の文化」などを挙げ、黒・赤・青の3色のマジックインクを使い、ビジュアルに書いている。

　また、【板書例B】は、小・中・高の現場教師を対象とした筆者の講義風景の一コマである。緑板には、「春立ちて学び合いにぞ札幌へ（に）」の俳句と「擬人法」「擬態語」の文字が書かれている。これらの板書は、これからの現場教師に対する模擬授業への導入であり、学びへのモチベーションを高めるための工夫である。「思考の発想」を練るための板書法でもある。「これからどのような授業が展開されるのか」「これから学ぶ詩はどのような擬人法と擬態語が使われているのか」などといった期待感や目的感を抱かせるものである。

　緑板（この緑板は、一般教室に設置されたものの約半分しかない）の大きさに留意し、文字の大きさや配列、チョークの色や〇囲みなども工夫して書いたものである。

　この【板書例A】や【板書例B】のように、日常の授業においても学習者の発達段階や単元の導入や学習教材などに応じた「思考の発想」を練るための板書法の工夫が望まれる。

【板書例A】＊パネルディスカッションにおけるプレゼンテーション

【板書例 B】 ＊現場教師を対象とした模擬授業

【板書例 C】 ＊中学 2 年生の意見文発表会

【板書例D】 ＊大学院生の模擬授業

【板書例E】 ＊現場教師の模擬授業

(2) 思考の過程を明確にするための板書法

　前ページの【板書例C】は、「意見文発表会」における、中学生2年生の様子である。緑板には、「・本時学習の題目・班の代表者名と意見文の題目・発表内容のキーワード」などの文字が書かれている。文字は、基本的には、白チョークで、キーワードは、黄色チョークで書かれている。写真の発表者は、3班代表のY君である。1班のSさんは、「言葉の暴力もいじめ」という題で意見を述べた。そのキーワードが「精神的・肉体的苦痛」「一方的」「継続的」である。「3Lアケル」という板書は、生徒達がノートに書けるようにと、筆者が明示したものである。

　このように、授業の展開に即して、順次「思考の過程」を明確にしていくような板書技法を工夫したい。

(3) 思考の定着を図るための板書法

　左ページの【板書例D】は、筆者の大学におけるある院生の模擬授業の風景である。中学1年生を対象とした国語科の「品詞分類」について説明をしているところである。

　事前に準備した「カード」をマグネットで白板に貼りながら、必要に応じて、黒のマジックで書いている。

　また、【板書例E】は、パワーポイントを活用して、「理科実験観察のポイント」を説明している現場教師の風景である。学会や研究会や大学の講義などでも、このパワーポイントの活用が多く見られるようになり、さまざまな情報機器を活用して学習効果をあげている。

　このように、1時間の授業で学んだことや考えたことなどを【板書例D】や【板書例E】のように「思考の定着」を図るための板書法をさらに工夫し、開発していきたい。

■参考文献
1 『思考を練るための「板書」の条件』花田修一著（国語教育）明治図書出版
2 『効果的な板書のしかた』花田修一著（国文学・解釈と鑑賞）至文堂
3 『心を育む言葉の教育』花田修一著　明治図書出版

花田修一　　日本教育大学院大学教授

誰でも小論文が楽々書けるようになる

教授メソッド

6. 文章作成法（アウトラインチャート）

●技法の概要●

　高校生から大学生まで、感想文ならなんとか書けるが、レポートや小論文となるとまったくだめという生徒や学生はけっこう多い。だが、それは当たり前のことなのだ。日本の学校教育では、レポートや小論文の書き方をほとんど教えていないからである。

　論理的な文章を書くには「構造」（＝組み立て）が大事である。そこで筆者は「アウトラインチャート」という、小論文を書くための「枠組み」を考案した。もともとこれは、多人数の生徒・学生に一時に小論文の書き方を教えるために考案されたアイテムである。これを使えば、大学や企業を受験する際の「志望理由書」にも、レポートや論文にも使える。また、本格的な論文を書くためのトレーニングにもなる。

●技法の特色●

　チャートに沿ってメモをとり、論理展開の型を練習すれば、誰でもすぐに論文の形をした文章を書くことができるようになる。もちろん、より優れた論文を書くには、段落相互のつながり、具体例と論理の緊密なつながり、序論と結論の対応などについて、さらにトレーニングすることが必要だが。ただ、チャートを使って練習すれば、途中で行き詰まったり、議論が飛ぶような文章を書くことはほとんどなくなる。

●技法の手順●

（1）書くことについての不安
（2）最初に何を教えるのか

教育メソッド30技法

(3) アウトラインチャートを利用して書く
(4) 弁証法で考える
(5) 序論の書き方と結論の書き方
(6) 弁証法で論文を組み立てる

　以上のステップを「アウトラインチャート」を使って練習する。800字〜1000字程度のものを5〜6本書けば、なんとか自信がもてるようになるだろう。

●技法の活用例●
(1) 書くことについての不安──「時間」と「論理性」

　小論文の書き方を教える前に、生徒たちに「小論文への不安」（自由記述）を書いてもらうと、「限られた時間」の中で「論理的な文章が書けるか」について、次のような危惧をいだいていることがよくわかる。

・時間内に書けるかどうか不安
・時間内に書き終えることを優先し、内容のある文章を書けるか不安
・自分が書いたものが論理的になっているかどうか不安
・きちんとした構成で書けるかどうか不安

(2) はじめに何を教えるのか──「構成」の大切さ

　小論文を書くことに大きな不安をいだいている生徒に、最初から何かを書かせるのは得策ではない。最初は、かれらの思い込みを解消するところから始めるのがいいだろう。

【問題】何に、どのくらい時間をかけるのか

　小論文の試験では、90分で800字書くというのが標準的である。では、小論文を書く作業を、作業A「文章を読んでメモをとる」と、作業B「メモをもとにして文章化する」という2つのパートに分けたとき、作業Aにはどのくらいの時間をかけたらよいか（課題文の長さは2000字程度とする）。次の中から1つ選んでみよう。

　（10分、20分、30分、40分、50分、60分、70分、80分）

【問題の解答と解説】
　多くの人は、20分か30分を選ぶ。家を建てるのには設計図が必要なことは誰でも知っているのに、文章を書くときには、そのことに気を使う人は少ない。しかし、設計図をつくらなければ、いい家は建たない。設計図は20分や30分では描けない。本当は、90分から、原稿用紙2枚を書くために必要な時間30分を引いた60分というのが正解なのだ。60分かけてアウトラインを組み立てる。どこに何を書くか、どんな具体例をあげるかをメモする。文章にするのはその後だ。
　上記の問題を考えることで、小論文は「構成」を決めて書くことが大切であることを印象づける。さらに、判断には「根拠」が必要なことを、具体例で示す（ここでは省略）。

(3) アウトラインチャートを利用して書く——「私について」

　さて、小論文を書くのに最低限必要なものは「構成」と「根拠」であることが見えてきた。そこで最初の課題は「私について」である。これだと「知識」を気にしないで論じられるからだ。アウトラインチャートの「本論」部分だけを使って「過去」「現在」「これから」でメモをとり、そのうえで文章化する。つまり、時間をズラすことで構成をつくるのだ。

《課題1》「私について」、600字程度で述べなさい。

《解答例》私は3人兄弟の長女として、茨城で生まれ、父親転勤のために地方を転々として育った。話すことが大好きで、友だちと一日中外で遊び回っているほど、外遊びが好きな、活発な女の子だった。長女だったせいか、面倒見のいい、比較的責任感のある子どもだった。小さいころから音楽は大好きで、5歳から中3まではピアノを習っていた。レッスンの他にも多くの時間、自分でピアノを弾いていた覚えがある。
　やがて中学生になり、友人間の入り組んだ人間関係が原因で悩むことが多くなった。この時、人間の心の複雑さというものに気がついた。しかし、友人や先輩に充分に悩みごとを聞いてもらい、とても気持ちが楽になって救われた。この経験がきっかけになって、私も他人の気持ちをよく理解するように努力しようと考えるようになった。同時に、人間の複雑な心の中

を研究する「心理学」という学問に興味をもつようになった。進路を考えるようになって、その気持ちはいっそう強くなっている。

　私は飽きっぽくて、優柔不断なところがある。けれどまた一方で、自分が好きなことには一直線で、努力することができる人間であり、責任感も強い方だと思っている。これからの私は、かつて周囲の人がそうしてくれたように、私も他人の悩みを少しでも軽くしてあげられるような人になりたい。そのため、大学に行って本格的に心理学を学びたい。できれば、以前から好きな音楽とあわせて「音楽療法」をやってみたいと考えている。
（607字）

「私について」を書いておくと、大学や企業の「志望動機」にも応用がきく。この課題の後、3段落を「現状－原因－対策」で展開する。「因果関係で考える」やり方を練習するのだが、ここでは省略する。

（4）弁証法で考える──本論の3段落を展開する

　一番大切なのは「弁証法」で書くやり方である。つまり、3段落を「ある考え－それと対立する考え－自分の考え」の順に展開するのだ。ここでは「常識について」を考えてみよう。

《課題2》「常識について」、あなたの考えを600字以内で書きなさい。

《解答例》〈常識〉とは、健全な一般人が共通にもっている普通の知識や思慮分別のことである。社会生活をしていくにあたって、〈常識〉をもち、他人に迷惑をかけないことは大切なことである。他人に配慮し、常識に従う人は他人に好かれるし、信頼もされる。当人のほうも、常識に従っておけば、精神的緊張が少ないし、摩擦も起こりにくく、生きやすい。

　しかし、常識に従ってばかりいると、自分の考えをもてなくなる可能性もある。対人関係も、馴れ合いに終わるおそれもあるだろう。なによりいけないのは、自分の枠組みに合わないものを受容できなくなり、新しいものを認められなくなることだ。時には〈非常識〉こそが新しいものを生み出すことがある。そのことは〈非常識〉の最たる例が芸術であることを考えてみれば、よくわかる。ピカソもビートルズも、当時の常識からは逸脱

するものであった。それゆえに、新しいものをもたらした。
　常識とは、まず多くの人間が当然わきまえているべき事柄や判断のことだ。社会生活を円満にするためには、常識は大切だろう。しかし、自分の内面や発想まで常識的になってしまってはつまらない。だから、とりあえず社会生活では常識に従いながらも、時々は常識を疑う勇気が必要なのだ。そのためには、異文化にふれることや、自分とは考え方の違う人の話を聞いてみること、すぐれた芸術にふれることなどが大切になってくる。(578字)

(5) 序論の書き方と結論の書き方

　「書き出しに苦労する」「序論が書けない」という人は意外に多い。アイデアが浮かんでこない時、次の手順を思い出してみるといい。
「現象（あらわれ）＋それがなぜ問題なのか＋問題提起（問いかけ）」
　以上が、定石である。では、その例をあげてみる。
「地球温暖化」
①南太平洋上にある、ツバルという小さな島国が水没しかけている。
②温暖化で水面が上昇している。困っているのはツバルだけではない。
③地球温暖化はなぜおこるのか。どのような対策が必要なのか。
「幼児虐待」
①２歳の幼児を、洗濯機に入れて回してしまった母親がいた。
②本来子どもを庇護すべき親が、抵抗できない幼児を虐待している。
③幼児虐待はなぜおこるのか。どのような対策が必要なのか。
　「序論」は「現象＋問題になる理由＋問題提起」を書く。
　「結論」は「序論の問いに答える。その理由を簡単に述べる。本論よりも抽象的なレベルで書く」といい。

(6) 弁証法で論文を組み立てる──５段落で展開する

　本論の３段落を弁証法で展開できるようになり、序論と本論の書き方を学んだら、全体を５段落で展開できるように練習する。もちろん慣れてきたら、あるいは全体の字数が多ければ段落数を増やしてもかまわない。

《課題３》わが国の高齢者福祉における課題と高齢者への私たちの意識はどうあるべきかについて、800字以内で述べなさい。

《解答例》日本は今、世界一の長寿国になっている。平均寿命が男女合わせて80歳を超える国など、他にどこにもない。これは、とりあえず良いことなのだ。だが、私たちは物に囲まれながら、老後に不安を感じて生きている。日本の高齢者福祉における今後の課題にはどのようなものがあるか、また私たちの高齢者への意識はどうあるべきかについて考えてみよう。ヨーロッパでは「寝たきり老人」は存在しない。どんな高齢者でも車椅子で自由に行動することが可能なのだ。行政が自立を助けてくれ、本人の自己決定が何よりも重んじられている。それを支えるたくさんのヘルパーと整備された法制度が存在し、ノーマリゼーションの考え方が存在する。それゆえ、ヨーロッパの老人の表情は限りなく明るい。

一方日本では、年をとって身体が不自由になると人間らしい老後が送れなくなってしまう。介護保険制度も老後の安心を約束するようなものではない。設備もケアも充分ではない。この国では、老人になると暗い顔をして、社会の片隅で暮らすしかない。不充分な支援体制しか存在しないからである。

高齢者が安心して生活を送れるか否か、生き生きとした生活を送ることができるかどうかが、その社会の成熟度を示している。誰にとっても生きやすい社会をつくるためには、高齢者が在宅のまま自己決定をして生きることのできるシステムの確立が必要なのだ。そのシステムを円滑に動かすために、経済的な援助や法整備を変え、われわれの意識を変えることが必要なのだ。

戦後の日本は、加速された日常生活と弱者をはじき飛ばす競争社会を生み出した。そして、われわれは現在、消費社会の中で欲望を肥大化させ、奇妙な不充足感の中にいる。それは、やすらぎのある、豊かな生活とは無縁のものだ。本当に豊かな社会をつくり出すためには、高齢者や障害を持つ人々の視点から社会制度を見直し、誰にとっても生きやすい社会をつくっていく必要がある。（793字）

■参考文献
1『書ける！小論文図解ノート』湯浅俊夫著　旺文社
2『大学入試小論文の料理法』湯浅俊夫著　旺文社
3『勝つための論文の書き方』（文春新書）　鹿島茂著　文藝春秋

湯浅俊夫　一橋大学非常勤講師

学生の集中度と達成感を高める

教授メソッド

7.BRD（当日ブリーフレポート方式）

●技法の概要●

　「BRD（当日ブリーフレポート方式）」とは、授業を改善するために、筆者が考案した方法である。最初の学会発表（大学教育学会、千葉大学）が行われたのは2000年である。「BRD」では、その名前のとおり、当日レポートと名付けられた1枚のレポート用紙を用いる。受講生は、与えられたテーマに沿って、その時間内に簡単なレポートを執筆し、提出しなければならない。教師の説明は、そのレポートの執筆を手助けするために行われる。

　現在の教室は、教師が教壇に立って一斉指導する前提でできており、この呪縛から逃れることは容易ではない。私語などの諸問題は、教師が舞台に立って主役を務め、学生が観客となる構図に一因がある。そこで、自然に学生が表舞台に立てるような枠組みを創造していくことが求められている。舞台設定を変えて、「学生が主役になりやすい枠組み」にもちこむこと。これが、授業の改革を成功させる鍵である。

　「BRD」においては、1枚のレポート用紙が、この舞台設定を生み出す役割を果たす。ブリーフレポートを時間内に書き上げるという具体的な目標が、自分の目の前にある。これだけで、授業に対する受講生の構えが根本的に変わる。そして、教師の講義は、レポートを書き上げるために不可欠な情報として提供されるため、集中度が高まるのである。さらに、限られた時間で簡潔に要点をまとめて文章化する能力も、養うことができる。

　なお、講義の最後に感想を書かせる方法と「BRD」とは、まったく異なる。「BRD」の内容は「課題レポート」である。感想ならば「わかりやすい授業でした」とでも書いておけばよいのだが、「BRD」の場合はそうはいかない。テーマに沿って、事実に基づいて書くことを要求する。

●技法の特色●
(1) BRD の効果
　もともと「BRD」は、筆者が大学の大教室での講義を担当した際に、私語対策で始めた方法である。しかし、やっていくうちに、非常にメリットの多い方法であることに気づいた。学生の集中度が高く、私語の少ない授業。学生主体、双方向の授業。目標が明確で、終わったときに達成感が得られる授業。早い段階での正誤のフィードバック。これらのことが、「BRD」という手順を踏むだけで、比較的容易に達成できるのである。

　筆者たちが調査や実験を重ねた結果、「BRD」のもつ次のような効果が確認されている。詳細については、参考文献3をお読みいただきたい。
①集中度の高さ……授業に対する集中度の評定は、通常の講義よりも高い。私語も気にならないレベルになる。
②満足度の高さ……授業に対する満足度の評定は、通常の講義よりも高い。通常の講義と比較して、「BRD」のほうが良いとする回答は約7割にもなる。
③知識の定着……講義内容に関するテスト得点は、同一内容の講義でのテスト得点よりも、有意に高いという実験結果がある。

(2) BRD の考え方
　「BRD」は、ブリーフカウンセリング（ブリーフセラピー）と呼ばれるカウンセリングの理論と方法論に、強い影響を受けている。そこで次に、その原則に照らして、「BRD」の考え方を説明しよう。

　第1に、ブリーフカウンセリングでは、「うまくいっていれば、変えるな。うまくいっていなければ、何かを変えてみよ」という原則を立てる。当たり前のことである。しかし、これが意外にむづかしい。

　授業を冷静に振り返ってみると、うまくいかないやり方を惰性で続けていないだろうか。教師はひたすら専門的なむずかしい説明をする。最初は懸命に聞いていた学生も、むずかしい話にしだいに疲れてきて、中には居眠りを始める学生もいる……。こんな光景が見られるのではないだろうか。ブリーフカウンセリングの原則に従えば、このようにうまくいっていないやり方は、変えてし

まうべきなのである。しかも、ハッキリと目に見える形で変えていく必要がある。

　第2に、未来の解決した状態をイメージしてもらった上で、まず小さなことに取り組んでもらう。つまり、具体的な小さな到達目標を設定することである。自分で納得のいく具体的な目標が目の前にあれば、それに向けて行動を起こしやすい。たとえばボウリングでは、18mも先にあるピンを倒すためにボールを投げるが、レーンの途中にスパットと呼ばれる小さな三角形の目印がついている。目標が近いほうが具合が良いのである。「BRD」では、具体的な授業の到達目標を、レポートのテーマという形を借りて、明確に提示できる。

　第3に、システムとして講義をとらえることである。一斉指導は、教師1人対多数の学生という構図である。双方向型の授業ということがよく話題になるが、それだけでは「1人対多数」「主役と観客」のシステムから逃れたことにはならない。それを根本的に崩すことも考えてみればよい。すると、個別学習やペア、グループでの学習を組み込んでみたらどうか、という発想になる。

●技法の手順●

　ここでは大学での講義（90分）を想定して、その手順を説明する。短時間の講義では、それぞれ時間を短くして対応してほしい。

【授業の前】

　授業前に、配布用のA4サイズのレポート用紙を印刷しておく。専用のものが望ましいが、なければ小テスト用の用紙などで代用してもよい。原稿用紙よりも、罫線だけのものが使いやすいだろう。

　また事前に、その時間の講義内容に沿って、当日ブリーフレポートのテーマを考えておく。テーマは、短時間で書ける程度の小さなものに絞ることと、適度な困難度とするのがポイントである。2つのテーマを掲げてもよい。

【授業の当日】

　BRDは、4段階からなる手順である。

　第1段階として、授業の当日、冒頭で教師は、レポートのテーマと、執筆に割り当てる時間とを板書し（図表1）、用紙を配布する（確認段階、数分）。教科書を参照して考えてほしい場合には、該当の章、ページ数などの授業やヒントも提示してかまわない。

図表1　板書例

```
〈本日のレポート〉
テーマ
　発達を規定するのは遺伝か環境か
　具体的な研究結果を挙げながら述べなさい。
時間　前半　15分
　　　後半　20分
```

図表2　当日レポート方式による講義の4段階

段階	受講生の学習活動	教師の指導
1.確認 （5分）	今日のテーマを確かめる	テーマを板書する
2.構想 （15分）	教科書などを参照して考える	机間巡視する
3.情報収集 （50分）	他の受講生の構想を知る 教師の説明を聞く	ポイントを説明 発問、指名など
4.執筆 （20分）	疑問点は質問する レポートを完成し、提出する	机間巡視する レポートを受理する

　第2は、構想段階（通常は15分〜20分）である。この時間は、与えられたテーマについて、学生が構想を練るための時間である。このとき、学生は教科書などを参照してもよい。実は、この時間の存在こそが、「BRD」のツボである。テーマを板書した教師は、さっさと教壇から降りて、机間指導を始める。授業のはじめに主役の座を譲ることに、決定的な意味がある。この間、適宜、学生と個々にコミュニケーションをとる。質問を受けたり、どんな内容を書いているかをつかんでおくようにする。

　第3が、情報収集段階である。ここは、従来の講義（教師による説明）の部分である。ただし、「BRD」においては学生から情報を引き出すことが重視される。たとえば数名を指名し、「今もっている知識で、どんなことが書けそうですか」などと質問して、答えてもらう。あるいは、「隣の人と、何が書けるか意見交換してみましょう」と指示する、という具合に展開できる。もちろん、続いて

通常の講義のように教師が板書したり、パワーポイントを用いて専門的な解説をしたり、学生に質問をぶつけたりしていけばよい。

第4が、執筆段階（15〜20分）である。わかったことをうまく簡潔にレポート用紙に書き出す。レポートを書き上げた学生は、それを個別に教師に手渡すか、教卓の上等に提出して退室する。

【授業の後】

回収したレポートを教師は、翌週に返却する。そこで、少人数の場合であれば、目を通してコメントをつけたり、誤字を指摘したりしておく。一方、多人数講義の場合にも、「BRD」はちょっとした工夫で充分に利用できる。抜粋して目を通して、主な回答や、優れた執筆例を次回に紹介できるようにしておく。

なお、このような90分の授業が毎週繰り返されて、出席した回数分のレポートが、学期末に学生の手元に残ることになる。このレポートをまとめて綴じ、あらためて当日レポート集として提出する。「BRD」による成績は、ポートフォリオ評価なのである。成績評価は、このレポート集だけで行う方法と、期末テストなどと組み合わせて行う方法とがある。

●技法の活用例●

「BRD」は比較的単純な手法なので、その応用の幅は広い。

まず、「BRD」は個人での学習を重視する一方、協同学習との相性もいい。レポートを交換して、隣同士で誤字や脱字の点検を行う。互いに感想や批評を述べ合う。テーマを複数準備し、ペアで分担して執筆し、情報収集段階において互いに教え合う。その他、さまざまな協同学習の手法を組み合わせていくことができるだろう。このような手順を組み込むと、授業に変化と動きが生まれ、雰囲気の演出という面でも大いに効果が期待できる。

また、理系の科目（たとえば物理）では、冒頭で提示するテーマは、小テスト問題のようになる。最初に問題が提示され、それを構想段階で、学生は自力で解いてみる。解けない。そこで情報収集段階で教員が登場して、手助けしてくれる。このような枠組みとなる。

さらに、「BRD」でもともと想定したのは大学の講義科目であるが、中学校や高等学校でも充分に応用できるだろう。ただ、これらの校種では一般に、大学と比べて単位時間が短い。たとえば50分の授業で、「BRD」を採用することは困難かもしれない。しかし、2コマ続きでの授業などでは、適用可能だろう。

また、執筆段階を別の時間でやるとか、宿題にするなどの工夫もできるかもしれない。

　現在すでに65分や75分で授業をやっている高校であれば、BRDはほぼそのままの形で採用できる。たとえば構想・執筆の各段階をそれぞれ10分間ずつ取り、情報収集段階は40分程度という時間配分になる。これならば、45分や50分の授業に慣れている先生は、比較的はいっていきやすいはずである。むろん、大学生相手の授業とは違い、中学校や高校でBRDを採用する場合には、いくつか相違点が出てくる。特に、想定する執筆分量の差である。大学の90分授業では、1回あたりの執筆分量は、400字〜800字が目安となる。一方、中学校や高校の授業では、200字〜400字を想定して始める方がよいだろう。

　構想・執筆の各段階に長時間は取れない。そこで、テーマをさらに具体的に絞り込んで、簡潔に書いてもらう。配布する書式も、大学生用の標準は40行であるが、中学校・高校用は30行くらいでよい。ただ、生徒は着実に力をつけ、すぐに慣れてくる。そうなれば、執筆時間を確保して40行に挑戦させる。

　指定された時間内に一定量の文章を執筆するよう求めるBRDは、小論文形式の入試対策にも有用である。

■参考文献
1 『ブリーフ学校カウンセリング－解決焦点化アプローチ　学校心理学入門シリーズ1』市川千秋監修　ナカニシヤ出版
2 『授業改革の方法　学校心理学入門シリーズ2』市川千秋監修　ナカニシヤ出版
3 『大学講義の改革－BRD方法（当日レポート方式）の提案』宇田光著　北大路書房

宇田　光　南山大学教授

学習活動を多面的に評価する

教授メソッド

8. ポートフォリオ評価法

●技法の概要●

「ポートフォリオ評価法」とは、評価資料として文字通りポートフォリオを作成し、利用する評価方法の総称である。

ポートフォリオ（portfolio）とは、一般的な辞書には「紙はさみ」や「折りかばん」などの意味であると書かれている。『大辞林』（三省堂）の第3版によれば、①携帯用書類入れ、②写真家やデザイナーなどが自分の作品をまとめたもの、③経済主体（企業・個人）が所有する各種の金融資産の組み合わせ、という意味であると記されている。

このような辞書的定義からもわかるように、ポートフォリオとは「必要な資料を1つに束ねて閲覧できるようにしたもの」といった意味であると考えればよいだろう。教育場面におけるポートフォリオは、子どもの学習の過程とその成果、あるいは教師の指導のあり方や評価といった学習活動の全体像がわかるような資料を1つにまとめたものということになる。

「ポートフォリオ評価法」は、さまざまな資料を含んだポートフォリオを評価対象とするため、学習過程について「パフォーマンスに基づく評価（performance-based assessment）」を行うこともでき、子どもの学習の成果はもちろんのこと、活動面や関心・意欲・態度などを多面的に評価することができる評価法である。

●技法の特色●

「ポートフォリオ評価法」は、アメリカにおいて1980年代以降に広がりをみせた新しい学力観を反映している。この考え方はハワード・ガードナー（Gardner, H.）に代表されるように、人間の知能は多面的であり、実際の生活や社会経験

の中で発揮されるということを強調する。したがって、学習も現実的な課題を解決する中で生じ、そのような学習活動の過程自体を評価するべきであると考える「真性の評価 (authentic assessment)」という観点に根ざしている。

「ポートフォリオ評価法」には、伝統的な評価法と比較して、次の3点の特徴があげられる。

(1) 自己評価の重視

ポートフォリオの作成において、子どもはそれまでの学習で何をどのように学んだかについて内省的にとらえ直し、ポートフォリオに含めるべき内容を取捨選択する。このような学習活動の振り返り (reflection) は、子どもにとって自分の学習活動を改善する機会となる。結果として、自分自身で学習の目標を設定し、計画を立てて実行し、結果を自己評価するという自己調整 (self-regulation) 的な学習プロセスが促進される。

(2) 参加と共同性

ポートフォリオの作成は、子どもと教師の話し合いの中で共同作業として行われる。またその評価についても、検討会を積極的に利用して、子ども自身やクラスメート、教師、場合によっては保護者など、外部参加者の相互評価によって共同的に作り上げられていく。ポートフォリオ評価は関係者が対話的に練り上げていくという点で、子ども自身の納得性も高く、形成的評価としての意義も大きい。

(3) 継続性・発展性

ポートフォリオは、学習過程で常に修正・編集され、何度も作り直されていくべきものである。学習過程の進展に伴って個々の学習活動の価値や意味づけも変わるため、それに応じてポートフォリオにも継続的にダイナミックな再構築が必要になるためである。また、ポートフォリオは子どもの学習・成長過程の表現であるため、学年や学校をまたいで利用することも可能である（事例については、参考文献1参照）。

●技法の手順●

「ポートフォリオ評価法」の基本的な手順は以下のとおりである。

【準備】

ポートフォリオの利用に際して、まずどのような目的にポートフォリオを利用するのかを明確にしておく必要がある。

ポートフォリオ自体は、子どもの自己調整的学習の道具として利用することもできるし、教師自身の教育活動について授業改善につなげることもできる。しかし、漫然と資料を集めるだけでは意味がなく、単なる学習の活動記録に終わってしまう。ポートフォリオを利用して評価を行うためには、目的に応じたポートフォリオの作成が重要となる。

本来は、評価主体や利用者、評価基・規準、フォーマットなどについてもあらかじめ決めておく必要があるが、内容については以下に示す。

【作成】

資料をまとめて入れておく入れ物は何でもよい。フォルダーやバインダーでもよいし、収集物が多量になるような場合には箱などを用いてもよい。また、電子媒体によるポートフォリオ（デジタル・ポートフォリオ）の作成は、修正・編集の観点からも、保存や共有の観点から有効である（事例については、参考文献1参照）。

評価対象を収集する。学習活動に関するあらゆるものが収集対象となる。当初はそれらすべてを保管しておいてもよい（記録ポートフォリオ）。これは作業工程のすべてを含むことになるので、資料は非常に多量なものとなることが多い。しかし、評価の対象とするポートフォリオ（評価ポートフォリオ）に含める内容は、子どもの自己評価を促すためにも、充分に考慮され取捨選択されている必要がある。

その中でも、ポートフォリオには含めておくべきいくつかの重要な要素がある。第1は子どもの作品、第2は子ども自身の自己評価、第3は教師の指導と評価の記録である。また、教師による観察記録や客観テストの結果も重要な構成要素である。特に絶対評価による客観テストは、特定の課題においてそれぞれの子どもが学習目標をどれだけ達成しているかを評価するのに、重要な資料となる。その他、関係者の評価（クラスメートや保護者、外部参加者などの相互評価）など多様な資料が重要な評価対象となりうるはずである。

【評価】

図表1　ポートフォリオのイメージ

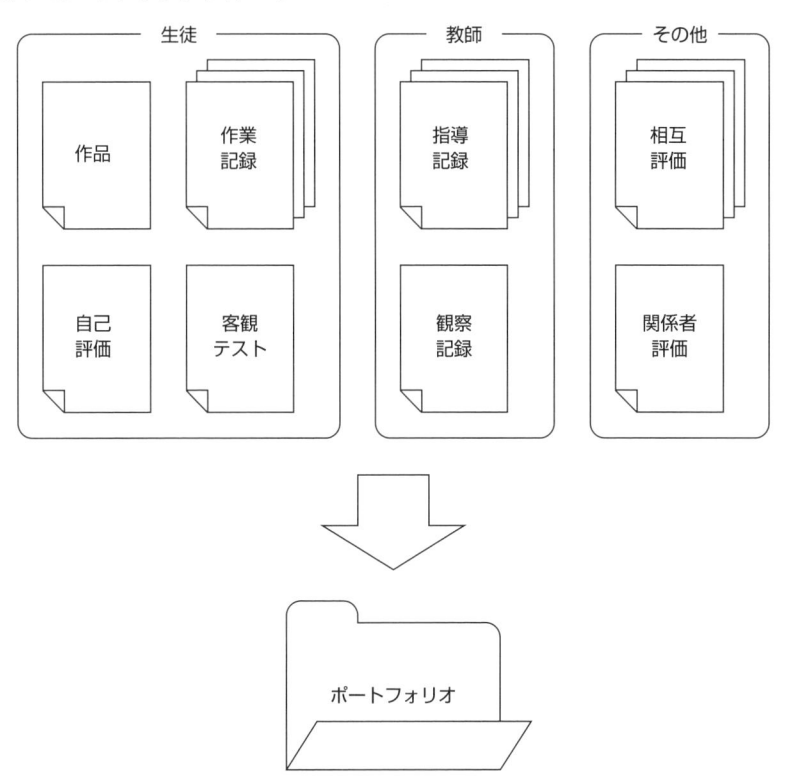

```
生徒：作品、作業記録、自己評価、客観テスト
教師：指導記録、観察記録
その他：相互評価、関係者評価
　　　↓
　ポートフォリオ
```

　「ポートフォリオ評価」は評価資料に対する評価基準という観点から、以下の3つに分類できる（参考文献4参照）。

(1)「基準準拠型ポートフォリオ」

　教師が評価基準を設定し、あらかじめ子どもに対して提示する。従来の評価の考え方とも比較的整合するものであり、評価の公平性を担保しやすい反面、ポートフォリオに含まれる内容は多様性が失ってしまう場合が多い。

(2)「基準創出型ポートフォリオ」

　子どもと教師が評価基準を考えながら共同で作っていく。子どもと教師の相互理解に基づいて評価基準を作成するため、子どもの納得性も高く、教師の評

価とも一致するため、子どもの自信も高まりやすい。形成的評価に利用しやすい。

(3)「最良作品集ポートフォリオ（秀作ポートフォリオ）」

子ども自身が自分なりの評価基準を設定して自己アピールをする。子どもによる学習活動の振り返りを最も期待でき、子どもの自主性や意欲の促進も期待できる。個人内評価としての資料価値も高い。

一般に、判定規準は3～6程度のカテゴリカルな段階（「すぐれている」「平均以上」「平均」「平均以下」「劣っている」など）で示される場合が多い。しかし、特に基準準拠型の評価ポートフォリオでは、観点別のルーブリック（rubric）などが取り入れられることもある。ルーブリックとは、教育目標に対してあらかじめ達成目標となる評価基準（criteria）とそれを評価するための具体的な行動指標である評価基準（standards）を決めておき、それにしたがって得点化（採点）する手続きである。

いずれにしても、評価はポートフォリオ検討会などを通して、関係者の間で共同的に作り上げられていくことになるし、子どもの発達段階を考慮した上で、評価基準を決めることが必要になる。

図表2　ポートフォリオ評価基準ごとの特徴

	基準準拠型	基準創出型	最良作品集
基準作成の主体	教師が作成して、あらかじめ子どもに明示する	教師と子どもが話し合いながら共同で作成する	教師や子どもの評価を参考に子ども自身が作成する
基準作成の時期	学習活動に先駆けて事前に作成される	学習の過程の中で構成される	学習の成果に基づいて作成される
長所	事前に学習目標が明確である	評価に対する学習者の納得性が高い	学習活動の振り返りが期待できる
	評価の公平性を担保しやすい	最も共同性を活かした学習評価である	自己評価力や自立性を促進できる
	従来の評価の考え方とも比較的整合する	評価を形成的に利用しやすい	個人内評価としての資料価値も高い
短所	評価対象（材料）や内容の多様性が制限されやすい	学習目標や成果をあらかじめ規定できない	一定の認知能力（自己評価力など）を前提とする

●技法の活用例●

　日本では「ポートフォリオ評価法」は総合的な学習の評価方法として有名になったが、その他の教科における評価はもちろん、さまざまな分野で「ポートフォリオ評価法」を利用することが可能である。

　たとえば、アメリカでは教員養成にポートフォリオを利用している州がある。将来教員になる学生がポートフォリオを利用して自己の学習について振り返りを行うことは非常に有効だと考えられる。

　これまでに紹介した利用法は、学習者によるポートフォリオの利用法（ラーニング・ポートフォリオ）であったが、教授者としてポートフォリオを作成して利用することもできる（ティーチング・ポートフォリオ）。

　「ポートフォリオ評価法」は同様の手続きを適用することで、カリキュラム評価にも利用できる。カリキュラム評価では、指導計画・指導記録・成果・生徒や保護者の評価などの資料が必要になるが、これらはすべてポートフォリオに含まれている。したがって、ポートフォリオは「カリキュラムの長短所を確認したり、改善点を同定するための共通資料・情報源」（参考文献1）として有効となる。

　また、アメリカの大学の中には授業改善をはじめ、教員評価や優秀教育賞選考のためなどにティーチング・ポートフォリオを利用している大学もあり、重要な評価方法の1つとして注目されている。

■参考文献
1『「生きる力」を育むポートフォリオ評価』　村川雅弘編著　ぎょうせい
2『ポートフォリオをデザインする―教育評価への新しい挑戦』　シャクリー, B. D. 他著　ミネルヴァ書房
3『ポートフォリオ評価法入門』　高浦勝義著　明治図書出版
4『新しい教育評価の理論と方法』　田中耕治編著　日本標準

黒石憲洋　日本教育大学院大学専任講師

2
ICTメソッド

多様な情報提示で講義に説得力を与える

ICT メソッド

1.ICTプレゼンテーション作成法

●技法の概要●

　「ICTプレゼン作成法」の一例として、ここではコンピュータによる「スライド資料作成法」を紹介する。プレゼンテーションソフトと呼ばれるソフトウェアを用いることにより、コンピュータ上でスライド形式の資料を簡単に作成することができる。作成したスライド資料は、パソコンに接続したプロジェクタからスクリーン上に投影することができる。また、スライド一覧を印刷して、配布資料とすることもできる。

●技法の特色●

　「ICTプレゼンテーション作成法」によって作成したスライド資料は、授業の補助手段として幅広く活用できる。
　まず、授業の要点や映像資料などをまとめた板書の代わりとしての活用が可能である。しかも、リンク機能を用いてスライド外部の情報との連携を実現できるため、文字を書いただけの板書よりも多様なやり方での情報提示が可能である。また、一度スライド資料を作成すれば何度でも再利用ができ、かつ配布資料化も容易であるなど、教員の負担を軽減する上でも有効な補助手段となりうる。

●技法の手順●

　ここではマイクロソフト社のパワーポイント（PowerPoint）を用いたスライド資料作成の手順を説明する。

(1) パワーポイントの起動

パワーポイントを起動すると「インスタントウィザード」、「デザインテンプレート」、「新しいプレゼンテーション」の選択画面が表示される。「新しいプレゼンテーション」を選択すると、スライドのレイアウトを選択する画面が表示される。「タイトルスライド」を選択してスライドの作成を開始する。

このとき「書式」メニューから「デザインテンプレートの適用」を選択すると、あらかじめ登録されたデザインを選択する画面が現れる。

(2) 編集画面

編集画面は左側の「アウトラインペイン」と右側の「スライドペイン」に分かれている（図表1）。

右側のスライドペイン上は、さらに2つの「プレースホルダ」（点線で囲まれた部分）によって区切られている。プレースホルダの数や配置は、選択するレイアウトによって異なる。

プレースホルダーに文字を入力すると、アウトラインペインにも入力した文字が同時に表示される。左側のアウトラインペインから直接文字を入力することもできる。

図表1　編集画面

(3) タイトル画面の編集

スライドのタイトル画面を作成する。スライド上の文字は、ワープロソフトと同様に編集画面へ直接入力する。

(4) スライドの編集

　一般のスライドを編集する。「箇条書きテキスト」が最も多く用いられる。「挿入」メニューから「新しいスライド」を選択して、新たに「箇条書きテキスト」のスライドを挿入する。

　文字を入力した後で改行すると、新たな箇条書き項目を追加できる。

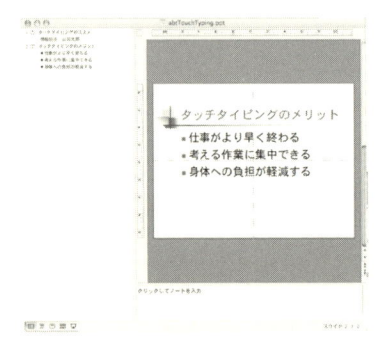

図表2　「箇条書きテキスト」編集例

(5) インデント

　Tab キーを押すことにより、一定の字数を字下げ（インデント）することができる。この機能を用いて、複数の階層をもつ箇条書きを作成することができる。先にすべての行を入力したあとで、インデントしたい行の頭にカーソルを合わせ Tab キーを押す。

(6) 画像ファイルの挿入

　スライドには、自分で用意した画像ファイルを貼り付けることができる（図表3）。一般的な手順は、以下のとおりである。

① 「挿入」メニューから「図→ファイルから…」を選択する。
② ファイル選択のダイアログ画面が表示される。該当する画像ファイルのアイコンを選択し「挿入」ボタンをクリックする。
③ マウスで図案の位置や大きさを調整する。

図表3　画像ファイルを貼り付けたスライドの例

(7)「動作設定ボタン」によるハイパーリンクの設定

「動作設定ボタン」は他の情報へジャンプするための目印である。たとえばURLによってハイパーリンク先をあらかじめ設定することにより、スライドからブラウザを起動して特定のWebページを表示することができる。手順は、以下のとおりである。

① Webページや他のスライドなど、別の情報源への表示の切り替えのリンクを設定したい場合、「スライドショー」メニューの「動作設定ボタン」の中から適当な選択肢を選択する。図表4では、「スライドショー→動作設定ボタン→ホーム」を選択している。

② マウスのポインタが十字型に変化したら、リンクボタンを置きたい個所にポインタを合わせてクリックする。

③「オブジェクトの動作設定」画面が表示される。画面上のハイパーリンクの選択肢から「アドレス(URL)」を選び、URL入力画面にリンク先のURLを入力し、OKボタンをクリックして設定を確定する。

図表4 「動作設定ボタン」を用いたスライドの例

(8) アニメーション効果の設定

スライド中のオブジェクト（文字、画像など）に対してあらかじめ「アニメーション」を設定することにより、アニメーション効果を伴いながらそれらを表示することができる。

① アニメーション効果を設定したいオブジェクト（文字のエリア、画像、など）をマウスで選択し、「スライドショー」メニューから「アニメーション→ユー

ザー設定」を選択する。
② 「アニメーションの設定」画面が表示されるので、プレビューを見ながら「効果」「順序とタイミング」「オプション」をそれぞれ設定する。

(9) スライドショーの実行

　作成したスライドを授業やプレゼンテーションなどで表示する際には「スライドショー」メニューから「実行」を選択する。「実行」を選択するとスライドがディスプレイ上に順次全画面表示される。スライドの切り替えはenterキーまたは矢印キーで行う。
　コンピュータをプロジェクタなどへ接続すれば、外部のスクリーン上にスライドを表示することができる。

(10) スライド一覧の印刷

　スライド一覧を印刷することができる。スライド一覧は、必要に応じて配布資料として活用することができる。「ファイル」メニューから「プリント」を選択する。その後現れた印刷設定画面で、印刷対象を「配布資料」に変更する。

図表5　印刷設定画面の例

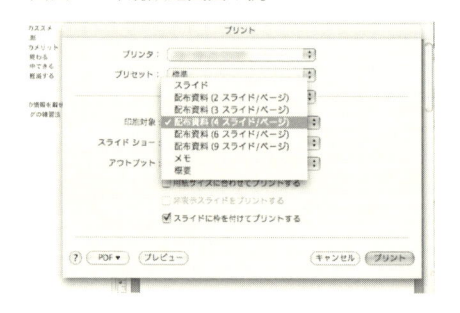

●技法の活用例●
　プレゼンテーションソフトによって作成したスライド資料は、文字や画像を中心とする資料の提示に適している。また、ハイパーリンクの機能を活用することによって、インターネット上のWebページなどスライド外部の情報へジャンプすることもできる。ここから、以下のような活用例を考えることができる。

(1) あらかじめ書くことが決まっている板書の代わりとして
(2) 授業のリズムを重視したいときの板書の代わりとして
(3) 1問1答など、その場で生徒の理解を確認するためのテスト問題の提示手段として
(4) 紙媒体では映りが不鮮明な映像資料（写真、イラストなど）の提示手段として
(5) Webページなどインターネット上の資料を素早く提示したい場合の補助手段として

■参考文献
1『みんなのパソコン学』武井恵雄・大岩元監修　オーム社
2『コンピュータとネットワークによる情報活用』立田ルミ・富澤儀一・天笠美知夫・野澤昌弘著　朝倉書店
3『インタラクティブ・デザイン―インターネットとメディアの情報をつくるノウハウ』レイ・クリストフ、エイミィ・サトラン著　エムディエヌコーポレーション/プレンティスホール出版

斎藤俊則　日本教育大学院大学専任講師

授業改善を目ざすインストラクション

ICT メソッド

2. 授業デザイン法

● 技法の概要 ●

　すなわち、インストラクショナルデザイン（instructional design）と呼ばれる手続きを適用して授業開発を行うものである。「授業デザイン法」は、授業を学習者が主体として学習する場であるととらえ、そのような意図的な学習を支援するための働きかけとして授業を設計する手法である。

　インストラクショナルデザインでは、指導や教授ではなく「インストラクション」という言葉を用いる。これは、教えることは学習活動の一部であるから、
①学習者の準備状態を分析する
②具体的な学習目標を設定して到達するためのステップを構成する
③教授方法や教材を選択（場合によっては開発）する
といった学習活動を全体として支援するシステムを設計するという考え方を反映しているためである。

　教育システム設計の考え方を示すモデルは数多く考案されているが、そのうちで最も基本的なモデルの1つは、「分析（analysis）」「設計（design）」「開発（development）」「実施（implement）」「評価（evaluation）」という5つの構成要素を仮定し、それぞれの頭文字をとって「ADDIE モデル」と呼ばれている。インストラクショナルデザインでは、このような手続きに基づいて授業開発を行うことになる。また、評価に基づいてインストラクションを改善することが重視される。

● 技法の特色 ●

　インストラクショナルデザインは1970年代に提唱され、e-ラーニングの普及に伴って広まってきた考え方である。しかし、特定の理論や方法論に基づい

ているというわけではなく、一般的なシステムの開発サイクルを応用した教育工学的な技法である。したがって、多くの立場が存在し、それぞれ詳細については異なっているものの、いくつかの共通した特徴をもっている。

(1) 学習環境や学習者の認知を重視する

インストラクショナルデザインの重要な源流の1つは、1965年に出版された『学習の条件』に見ることができる。その著者であるガニェ（Gagn, R.）は学習に情報処理アプローチを適用し、学習が心理的過程によって調整されているという側面を強調した。

このことは、インストラクショナルデザインが教授方法や教材といった学習環境（外的要因）とともに、学習者の準備状態や感情・動機づけといった学習者の認知（内的要因）を重視するという特徴に影響を与えている。

(2) 目標を設定し、到達プロセスをステップ化する

インストラクショナルデザインには観察可能な行動目標を設定し、また目標に到達するまでのプロセスをステップ化して系列的に考えるという特徴があげられる。これらの特徴は、インストラクションの効果を評価する際にも重要な観点となる（インストラクションの目標準拠評価）。

ちなみに、これらの特徴は行動主義やそれに理論的根拠をもつプログラム学習に類比されることも多いものの、理論的には明確に区別されている（参考文献3・4）。

(3) プロセス全体を機能させる

インストラクショナルデザインのもう1つの特徴は、システム志向的な発想である。システム志向とは、インストラクションを要素ごとではなく、一連のプロセスとしてとらえるという考え方である。

したがって、インストラクションの改善を図る場合には、学習活動パッケージやモジュールと呼ばれる個々の教材の改善だけを問題とするのではなく、プロセスとしてのインストラクションが有効に機能するような改善を行うことが必要となる。あるいは、より大きな教育システム全体を最適化するような改善

が考慮されなければならないということになる。

●技法の手順●

インストラクショナルデザインを学校教育に応用する場合の手順は、以下のようなものとなる。

(1) 分析する
①ニーズを分析する

教育目標に照らして現状と理想を比較して、それらの結果にどの程度のギャップが生じるかを検討することで、ニーズを分析することができる。ニーズが大きければ、新しいインストラクションを導入することが有効となる。現在のやり方で充分にうまくいっているならば、あえて新しいインストラクションを導入する必要はない。

②必要な資源を分析する

新しいインストラクションを導入する際に必要な時間や労力、予算などの資源はどのくらいかを考慮する必要がある。何らかの制約で資源を割けないような場合には、新しいインストラクションを開発することは現実的でない。現状のやり方では問題や不足があり、新しいインストラクションを導入することが最も効果的な問題解決の方法であると考えられる場合に、インストラクショナルデザインを導入するべきである。

③学習者と学習状況を分析する

学習者が前提となる内容を既習しているかどうか、あるいは、それぞれの子どもがここで行われる指導の内容についてどの程度予備知識をもっているかを分析する。学校教育の場合、新しい単元の内容はすべての子どもにとって未習であると思われがちかもしれないが、現実的には塾や予備校に通う子どもが多い場合、すでに学習していることも多い。未習者が少ないならば、個別指導の方が効果的かもしれない。新しいインストラクションの有効範囲を明確にした上で、開発に着手する必要がある。

(2) 設計する
①具体的な行動目標を設定する

指導の終了後に、学習者ができるようになっているべき事柄を「具体的な行

図表1　インストラクショナルデザインのプロセス

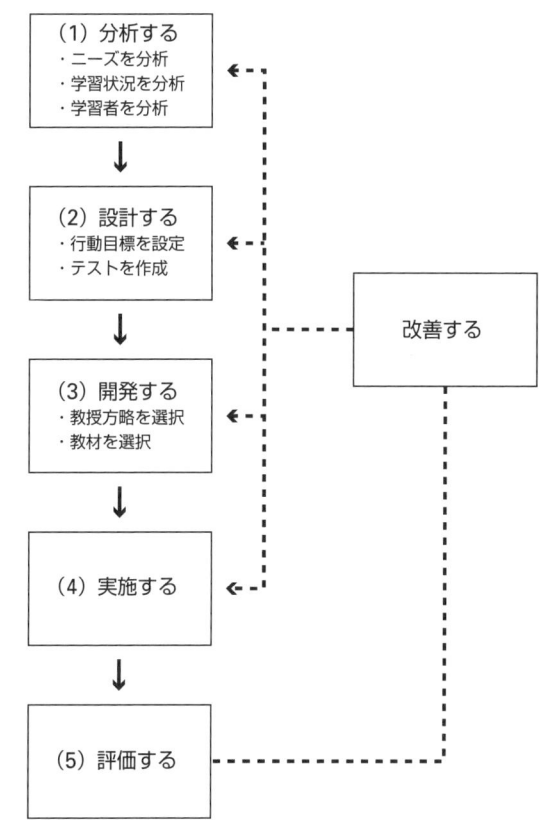

```
(1) 分析する
・ニーズを分析
・学習状況を分析
・学習者を分析
      ↓
(2) 設計する
・行動目標を設定
・テストを作成      ← ─ ┐
      ↓                │
(3) 開発する           │
・教授方略を選択    ← ─ ┤  改善する
・教材を選択           │
      ↓                │
(4) 実施する      ← ─ ┤
      ↓                │
(5) 評価する      ─ ─ ┘
```

動」によって規定する。習得される内容は、知識や技能、態度（関心・意欲・態度）であってよい。しかし、それらはすべて「具体的な行動」によって記述されていなければならない。具体的な行動で示されなければ目標が達成されたかを充分に判断できないし、ひいてはインストラクションの有効性についても判定できないという状況に陥ってしまう。

②学習状況を知るテストを作成する

　指導方略や教材の開発に先立って、あらかじめテスト問題を作成する。インストラクショナルデザインでは、「前提テスト」・「事前テスト」・「事後テスト」の3つのテストを作成することになる。

　「前提テスト」は、学習者が学習の前提となる行動を充分に習得しているかどうかを確認するテストである。それ以前の指導との兼ね合いで、前時の確認テストのような形で実施したり、形成的に利用すれば、より効果的だろう。

「事前テスト」は、学習者がインストラクションの内容を事前にどれだけ知っているかを測定するものである。また同時に、インストラクションによってどれだけ目標が達成されたかの基準となる情報を得るものである。したがって、基本的には事後テストと同等の内容となる。前提テストと事前テストは、ともに指導の前に実施されることから、1つのテストに統合してもよい。また、インストラクションが、学習者にとって明らかに未習の内容である場合には、省略してもよい。

「事後テスト」は、目標に対してどのくらい達成されたかを知る指標となるテストである。ただし、この事後テストは子どもの達成度を測定することももちろんであるが、むしろ開発するインストラクション（指導方略や教材など）の有効性を評価するためのテストでもある。

(3) 開発する

モジュールや教材パッケージの作成に関しては、階層分析やクラスター分析などの手法を応用することになる。教材開発の実際については、参考文献2などを参照のこと。

(4) 実施する

新たに開発した教材や指導方法に準じて、指導を行う。指導計画と指導実践の対応が問題となるが、その意味では一般的な教育実践と大きくは変わらないだろう。インストラクショナルデザインでは、むしろこの前後が重要なのである。

(5) 評価する

「事後テスト」の結果に基づいて評価を行う。ここでの評価は生徒の到達度について評価するとともに、開発したインストラクション（教授方略・教材・実施を含む）についての評価を行う。この評価において到達していない部分が認められれば、これまでの手順のいずれかを改善することが必要となる（形成的評価）。また、開発したインストラクションを継続するかどうかを判断することも重要な評価の一側面（総括的評価）である。

●**技法の活用例**●

　「授業デザイン法」は、すべての教科のすべての授業で適用することが可能である。インストラクショナルデザインを適用する場合、教材は積極的に電子化しておいたほうがよい。教材の修正・改作、配布資料作成や全体教示が格段に容易になるためである。実際に、電子化した教材の実例は、教育情報ナショナルセンターのホームページ（http://www.nicer.go.jp/）に多数紹介されている。

　ただし、注意してほしいのは、教材の一部あるいはすべてを電子化しなければならないわけではないし、また教材を電子化したものがインストラクショナルデザインではないという点である。効果やコストを分析して最も有効で効率的であると判断される方法を選択することこそが、インストラクショナルデザインの意義であると言える。

■参考文献
1 『インストラクショナルデザイン―教師のためのルールブック』島宗理著　米田出版
2 『教材設計マニュアル―独学を支援するために』鈴木克明著　北大路書房
3 『インストラクショナルデザインの原理』ガニェ,R.M.他著　北大路書房
4 『はじめてのインストラクショナルデザイン』ディック,W.他著　ピアソン・エデュケーション

黒石憲洋　日本教育大学院大学専任講師

インターネットを駆使して情報収集する

ICT メソッド

3. インターネット活用法

●技法の概要●

　情報収集に欠かせないインターネット（The Internet）を活用するための基礎知識と操作手順を紹介する。インターネット上には、さまざまなジャンルの情報を提供する無数のウェブサイト（Web Site）が存在する。そこには、目前の講義の準備から自己の長期的なキャリアプランの立案に至るまで、教師生活のあらゆる場面に役立つ情報がある。これらをうまく探し出し、情報源として活用できれば、教師としての職務をいっそう充実させることができる。

●技法の特色●

　無数のウェブサイトが存在するワールドワイドウェブ（World Wide Web; WWW）から必要な情報を載せたウェブサイトを探し出すためには、一般に「検索サイト」と呼ばれる、情報検索サービスを提供するウェブサイトにアクセスしてその機能を使いこなす必要がある。そして、情報検索サービスの機能を使いこなすためには、検索の基本ロジックである3つの論理演算子（「AND」「OR」「NOT」）の意味を理解する必要がある。ここでは最もよく使われる検索サイトの1つである「Google」を例にとり、3つの論理演算子を駆使した検索条件の設定の仕方を紹介する。

●技法の手順●

　検索手順を紹介する前に、キーワード検索の仕組みと3つの論理演算子の意味を解説する。

【キーワード検索と論理演算子】

多くの検索サイトでは「キーワード検索」のサービスが提供されている。キーワード検索とは、ユーザーにあらかじめ検索キーワードを入力させた上で、検索サイトが蓄積したウェブサイトのデータベースの中から、そのキーワードを含むものだけをリストアップする仕組みである。

図表1　キーワード検索

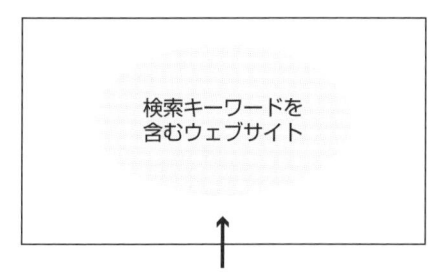

```
┌─────────────────────────────┐
│                             │
│        検索キーワードを      │
│        含むウェブサイト      │
│              ↑              │
└─────────────────────────────┘
```

データベースに登録されたウェブサイトの情報全体

(1) AND 検索

論理演算子「AND」は、データベースの中から、2つ以上のキーワードを同時に含む項目だけを取り出す際に用いる。たとえば「高校」と「社会科」をキーワードとして設定する場合、結果は以下のようになる。

図表2　AND検索

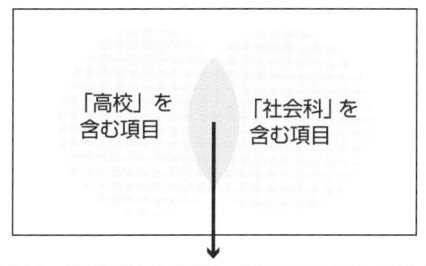

```
┌─────────────────────────────┐
│   ╭─────╮   ╭─────╮         │
│   │「高校」を│  │「社会科」を│     │
│   │含む項目 │  │含む項目  │       │
│   ╰─────╯   ╰─────╯         │
│              ↓              │
└─────────────────────────────┘
```

「高校」「社会科」を同時に含む項目だけを抽出する

図表2を見ればわかるとおり、ANDによる検索は検索結果を絞り込みたいときに用いる。

(2) OR 検索

　論理演算子「OR」は、データベースの中から2つ以上のキーワードのどれか1つまたはすべてを含む項目を取り出す際に用いる。先ほど同様「高校」と「社会科」をキーワードとして設定する場合、結果は以下のようになる。

図表3　OR 検索

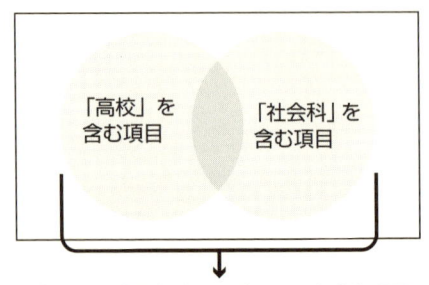

「高校」「社会科」のどちらかを含む項目
または両方を同時に含む項目を抽出する

　図表3を見ればわかるとおり、「OR」による検索は検索結果を広げたいときに用いる。

(3) NOT 検索

　論理演算子「NOT」は、データベースの中から抽出された検索結果から、特定のキーワードを含む項目だけを排除する際に用いる。たとえばキーワード「高校」で抽出し、キーワード「社会科」で排除を設定する場合、結果は以下のようになる。

図表4　NOT 検索

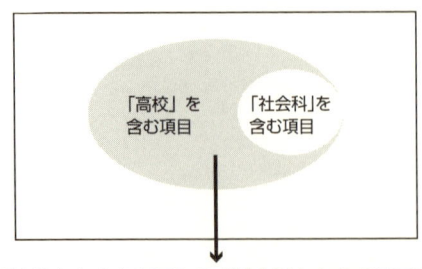

「高校」を含む項目から「社会科」を含む項目だけを排除する

図表4を見ればわかるとおり、「NOT」による検索は検索結果を絞り込みたいときに用いる。

【Googleにおける検索手順】

Google（http://www.google.co.jp）は、最もよく使われる検索サイトの1つである。ここでは、「Google」を利用して検索を行う手順を紹介する。

(1)「Google」における基本的なキーワード検索の手順

この検索サイトにアクセスしたら、最初に現れる画面の中央にテキストボックスがある。ここに検索キーワードを入力して「Google 検索」ボタンをクリックすると、検索結果が表示される。

図表5　Googleのトップページ

(2)「検索オプション」による検索条件の指定

「AND、OR、NOT」の条件を設定して検索を行いたい場合、「検索オプション」ページで条件を設定する。「検索オプション」ページへは、トップページのテキストボックス右脇にあるテキストリンクから入る。

図表6　「検索オプション」のページ

(3) AND検索の設定

「AND」に基づく条件を設定したい場合、「すべてのキーワードを含む」のテキストボックスにキーワードを入力する。それぞれのキーワード同士の間は半角のスペースを挿入する。たとえば「高校 AND 社会科」ならば、テキストボックスに「高校 社会科」と入力する。キーワードを

図表7　AND検索の設定

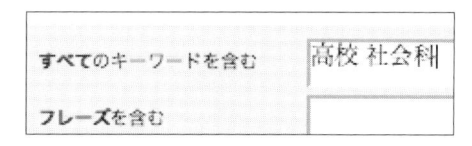

入力したら「Google 検索」ボタン（テキストボックス右脇にある）をクリックして検索を実行する（この手順は以下同様）。

(4) OR 検索の設定

「OR」に基づく条件を設定したい場合、「いずれかのキーワードを含む」のテキストボックスに条件となるキーワードを入力する。ANDのときと同様に、キーワード間には半角のスペースを挿入する。

図表8　OR 検索の設定

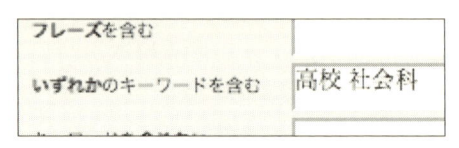

(5) NOT 検索の設定

「NOT」に基づく条件の設定は、「すべてのキーワードを含む」および「キーワードを含めない」の2つのテキストボックスを利用する。たとえばキーワード「高校」を含む項目からキーワード「社会科」を含む項目を排除する場合、

図表9　NOT 検索の設定

「すべてのキーワードを含む」のテキストボックスに「高校」を入力した上で、「キーワードを含めない」のテキストボックスに「社会科」を入力し検索を実行する。

●技法の活用例●

インターネット上では、教師としての職務や生活を支援するさまざまな情報が提供されている。ただし、有用な情報にたどり着くためには、検索サイトを活用するスキルならびに情報の価値を見定める眼力が必要である。

以下は、インターネットの活用が考えられるケースである。これらは無数の例のほんの一部にすぎない。

(1) 授業計画の事例や教材に用いる素材を入手する

教師がインターネット上で自らの開発した授業計画を公開していることがある。また、教材作成用に著作権フリーのイラストや白地図等が公開されている。

(2) 現在進行中の事象に関する情報を入手する

　インターネット上では「ニュースサイト」と呼ばれる情報配信を行うサイトがある。大手新聞社・通信社系の比較的一般的かつ広範なニュースを扱うものから、専門的なジャンルに特化されたものまで、いろいろな種類のものがある。また、電子掲示板やブログなどを通して、大手メディアとは異なる視点からの情報を得ることもできる。

(3) 海外の情報を入手する

　インターネットを利用すれば世界各国の情報を直接入手できる。たとえば、海外の通信社のニュースサイトでは、国内では詳細に伝えられない国際的事象の情報が入手できる。また、海外の学校のホームページを介して学校同士の相互交流のきっかけを探すこともできる。

(4) 勤務校のある地域の情報を入手する

　たとえば地方自治体のホームページでは、地域に関する統計資料が公開されていることがある。また、郷土史を扱った個人によるウェブページも比較的多い。

■参考文献
1 『みんなのインターネット学』武井惠雄・大岩元監修　オーム社
2 『ウェブ進化論　本当の大変化はこれから始まる』（ちくま新書）梅田望夫著　筑摩書房
3 『グーグル完全活用本』創藝舎著　三笠書房

斎藤俊則　日本教育大学院大学専任講師

授業過程の情報をデータベース化し多様に評価する

ICT メソッド

4. ICT授業評価システム

●技法の概要●

【ICT授業評価システム開発の背景】

　「ICT授業評価システム」開発の背景には、絶対的な授業時間の不足があった。学生との対話や学生同士の交流促進が教育上望ましいことは明らかで、筆者も、たとえば発表や議論の時間を入れたり、受講感想などを毎授業終了時に回収し、次週にコメントを付しワープロ出力してフィードバックしたりしていた。

　しかし、そのようなことを頻繁に行うと、従来の「専門知識の伝達」時間が不足するとともに、事務的作業の教師負担が相当なものになる。教育改革として考えると、教師負担が大きいやり方は普及の可能性が低い。

　そこで、勤務大学で学生全員がノートPCを所有し、学内ネットワーク（LAN）で教室にも情報端末が完備されるようになったのをきっかけに、授業効率化のために、ICT利用の授業支援システムの開発・運用に着手した。これが背景である。

【ICT利用の意味】

　デジタル化された情報は、情報の処理（保存・編集・検索・出力・通信など）が柔軟かつ容易にできる。このデジタル情報の利点は、ウェブ（インターネット）をはじめとするICTの支援によって、いっそう拡張される。

　また、ウェブには、次のような特徴がある。

①同期的コミュニケーション（チャットや電子会議など）も非同期的コミュニケーション（電子メール、電子掲示板など）も、両者のミックスも可能である
②情報の送り手－受け手関係が1対1から多対多まで、多様な規模・関係で柔軟な双方向のコミュニケーションを可能にする

教育メソッド30技法

③データベース化、それに付随して検索やリンクなどが容易である
④社会的手がかり（非言語的情報，識別情報）の少なさや匿名性からくる社会的影響（フレーミング、自由な自己開示、地位・性別・年齢差などによる影響の少ない対等な関係可能性あるいは欺瞞可能性など）がある

以上のようなICTの特徴を、授業目的に合わせて上手に利用することで、授業の効率化や交流促進、授業過程のチェックなどを促進できる。

【ICT授業評価システムの概要】

「ICT授業評価システム」は、5年ほどの運用・改善の結果、授業効率は以前の2倍程度になり、新たな授業内容や授業法の試みを行える時間的・労力的余裕ができてきた。現在の「ICT授業評価システム」の概念図を、図表1に示す。

図表1　ICT授業評価システムの概要

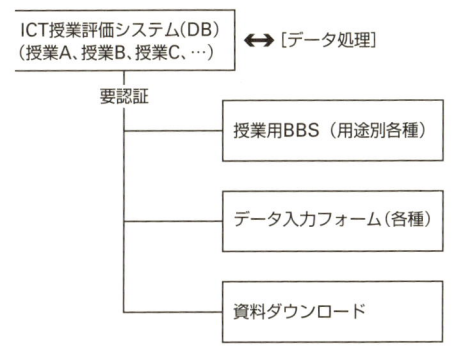

システムへは、授業用のIDとパスワード（受講生は共通）をもつ有資格者のみがアクセスできる。システムは、基本的に、授業ごとに、複数の授業用電子掲示板（BBS：Bulletin Board System）、データ入力フォーム、資料ダウンロードから構成される。

図表2はこのシステムのトップページ、図表3は個別授業のトップページ例である。

授業用BBSは、現在、「PukiWiki」という、データベース上のデータ共有が容易になるツール（CMS：コンテンツ管理システム）をベースにしている。これによって、インターフェース・デザインは、教師あるいは許可された受講生によっても容易に変更できる。

授業用BBSは、次の4点で成り

図表2　ICT授業評価システムのトップページ

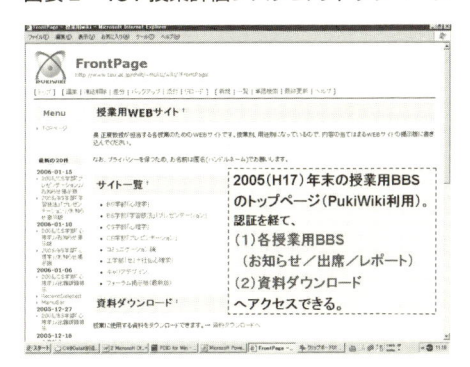

立っている（図表3）

① 教師から受講生への連絡に使用する「お知らせ掲示板」（携帯電話からも閲覧可能）
② 毎回の授業での感想などを投稿し、また参加者で対話する「対話掲示板」
③ レポートを投稿し、参加者で評価し合う「レポート掲示板」（図表4）
④ 教師が出題課題を掲示する「出題課題掲示」

②と③には、文章表現のみでなく、画像を含む多様なデジタル情報も貼り付けられる（図表5）。また、それらは、投稿順表示と投稿者別表示に切り替えられ、授業日別にも、受講者別にも、時系列で投稿を確認できる。

もちろん、検索で、特定のキーワードを含む投稿のみを抽出することもできる。

「データ入力フォーム」は、1つ以上の5件法（選択肢回答）入力フォームと1つのテキスト（文章表現）ボックスから成る汎用入力フォームである（図表6）。授業評価を含む各種アンケート、パーソナリティテストを含む各種テストなどの回答は、ここから入力される。

5件法の回答数は1～50の間で自由に設定できるので、単純な授業感想等の自由記述の投稿にも利用できる。ここで入力されたデータは、カンマ区切り（CSV：Comma Separated Values）形

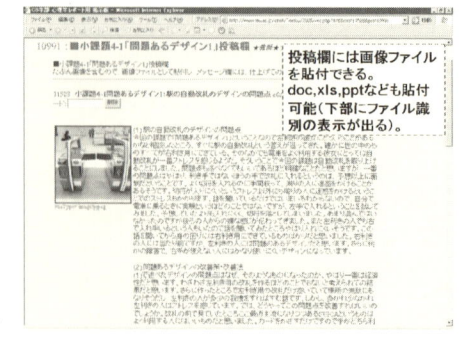

図表3　各授業のトップページ

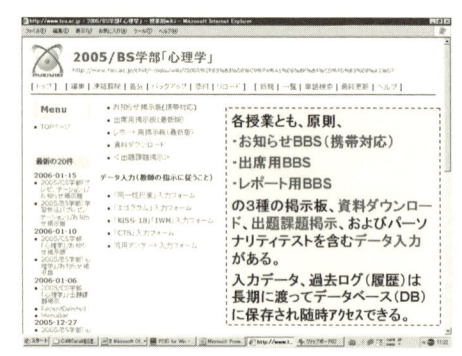

図表4　レポート投稿と評価返信例

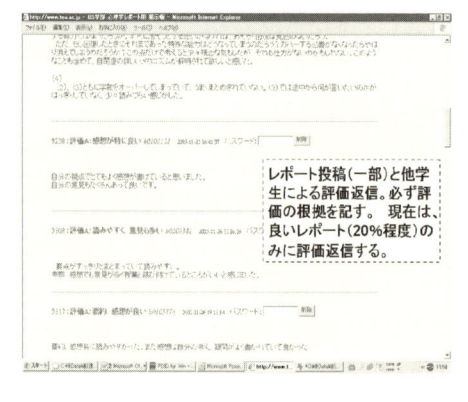

図表5　画像付きレポート投稿例

式でデータベースに保存されるので、教師が、一般の表計算ソフトや統計処理プログラムによって統計処理して、BBSへの公開、あるいはダウンロード資料として学生にフィードバックすることができる。

「資料ダウンロード」は、教師が授業関連の資料をアップロードし、受講生がそれをダウンロードするサイトである。

図表6　データ入力フォーム例

パーソナリティテスト（自我同一性尺度）用のWeb入力画面例。
1）質問数やボタンのデフォールト値等は自由に設定変更可能。
2）自由記述欄もある。
3）入力データは入力年月日（期間）によって、該当データを自由にCSV形式で抽出可能。
4）5件法以内の選択形式の各種テストに利用可能。
⇒統計分析へ

【授業評価の方法】

　授業評価の手法にICT固有のものはない。ICTはその実行を容易にし、かつ効率化するだけである。ポイントは、毎授業の学生の反応情報（授業評価アンケート、対話投稿と返信、レポートその他の表現・作品の投稿と評価返信など）が、投稿者ID、入力日時、BBSなら投稿内容関係（何への投稿／返信なのかなど）情報とともにデータベースに蓄えられ、検索できることである。

　なお、評価（assessment）は、必ずしも評定（evaluation）という数量的な見積りではなく、情報を収集し、対象・状況・問題を的確に検討することを意味する。その意味で、授業評価という、数量化することのむずかしい質的データも含めて、多様な授業関連データを収集することを核心とするITCは、質・量ともに多様な情報収集を容易にする。

　さて、評価には考慮すべき多様な次元があり、それらの組合せと評価目的や評価方法は密接に関連する。主な評価手法の類型とその特徴の概略を図表7に示した。

　授業評価法の世界的潮流は、学習者主体の学びの改善のための「形成的評価」や、社会的合意の得られるような本物（authentic）の総合評価

図表7　各評価手法の特徴比較

評価手法（方法論）評価構成要素	総括的評価（量的評価）	ポートフォリオ評価（総合的評価）	形成的評価（質的評価）
評価主体（誰が）	教師（第三者）	相互（両者）	学習者
評価対象（何を）	結果（記憶、理解）	パフォーマンス（表現、作品）	プロセス（学習過程）
評価目的（何のために）	成績・業績評定（相対評価）	相互納得社会的合意	学びの改善（問題解決）
教育スキル（どのように）	教授・指示（インストラクション）	対話コミュニケーション	コーチングファシリテーション

を目ざす「ポートフォリオ評価」の方向に向かいつつあることに注目していただきたい（参考文献1参照）。

本「ICT授業評価システム」の場合、たとえば授業・学習改善のための形成的評価であれば、各回の授業情報を抽出し、評価すればよい。

「プロセス評価」をしたければ、各回の授業評価情報の履歴を見て変化を検討すればよい。「ポートフォリオ評価」をするなら、授業全体で収集された各受講生個人のデータを抽出し検討すればよい。「パフォーマンス評価」なら、結果（成果）として表現・作品を抽出して評価することになる。

要するに、何のため、誰のために評価するのかという評価目的が明確になれば、その他の次元も含めて評価法が明確化してくる。ICT利用によって、毎授業の多様な授業・受講者情報がすべてデータベースに蓄えられていれば、その多様な評価目的に対応した評価法を実現できる。

●技法の特色●

ICT利用の特色は、デジタル化された情報ならデータベースに保存でき、検索や編集、伝達・公開などが容易にできること。しかも、その情報の保存スペースはほとんど必要ないし、ウェブ上に保存することで、いつでも、どこでも、アクセスし、検索や編集・検討ができることである。長期にわたり、質・量ともに多様な授業・学習情報をデータベースに蓄えておけば、データの検索・抽出の仕方で、多様な検討・評価ができるだろう。

前述したように、評価自体にICT独自の手法があるわけではないが、ICT利用によって、従来、さまざまな制約のために、実施したくても断念せざるをえなかった、授業過程に関する多様な情報収集と分析が簡単にできるようになった意味は大きい。

状況や問題を「現場で即時的に確かめる（Check）」ことによって、Plan-Do-See あるいは Plan-Do-Check-Act という問題解決過程——この場合、授業過程——をいっそう生産的なものにでき、着実な授業改善が期待できる。

●技法の手順●

ICT利用は、特定のICT発達段階における利用可能ツールの制約条件のもとに具体化されるものであり、ICTの発展と共に変化しうる。たとえば、本システムはBBSを中心に構成されたが、現在なら、ソーシャル・ネットワー

キング・サービス（SNS）のツールを応用すると、交流促進という意味でさらなる可能性が開けるかもしれない（参考文献2参照）。
　ここでは、一般的なシステム構想・構築のガイドラインを概説する。

【教育組織内で閉じたサーバが利用できるか】
　個人情報の管理問題として、学部・学校や教育委員会など、当該教育の関係者のみに開かれたサーバを利用できることが前提条件である。

(1) 自らの教育実践の現場で、どんな ICT が利用可能なのかを明確化する

　PC やウェブは利用可能か。関連するどんなソフトウェアが利用可能か。また、スキャナ、デジタルカメラ、デジタルビデオカメラ、プロジェクタなどのデジタル機器が利用可能かも確認しておく。

(2) 特定の ICT ツールの利用可能範囲を明確化する

　それら ICT ツールは、教師（教師組織）のみが利用可能なのか、受講生（生徒・学生）も利用可能か、あるいは受講生の親も利用可能かを明確化する必要がある。教師が使えるだけであれば、ICT は主に教師のデータ利用（保存・加工・編集・公開・配布など）に限定される。逆に、受講生まで利用可能ならば、教師と受講生が相互的な自己表現や対話・公開の実現を支援するツールになりうる。授業評価としては、相互評価を可能にする。

(3) ウェブ接続の場合のセキュリティ確保法を明確化する

　特定の ICT が潜在的に利用可能だとして、プライバシーや情報セキュリティの問題を含め、それをどこまで利用するか、どの対象範囲まで情報の共有や公開をするかを慎重に検討する必要がある。基本は、利害関係者の合意を得た上で始めることになる。
　そして、原則、情報共有や情報公開に合意した利害関係者以外は情報アクセスができないようにパスワード設定などをする必要があるだろう。また、情報が漏洩しても大きな問題を生じないように、情報に重要度のランクをつけて、セキュリティのレベルを変える必要があるかもしれない。
　教育環境内でネットワークが閉じたサーバがあれば、オープンソースで自由に利用できる BBS 作成ツールや SNS 作成ツールなど、多様なソフトウェアが

自由に利用できる。どんな授業評価を行いたいか、あるいはどんな授業支援を望むかというICT利用の目的や方法を具体化すれば、それに適したソフトウェアを見つけられるだろう。ソフトウェアは概して汎用性があり、多様なカスタマイゼーションができるので、自分の目的に合わせてカスタマイズすれば、いっそう利用しやすくなる。

教師個人レベル、授業科目レベルでシステムを組み上げてもいいし、学部や学校レベルでもよい。しかし、システムに予期しないトラブルが生じた場合のリスクを考えると、個人レベルで自律したシステムを基本とし、それを組織内でネットワーク化し、リスクの分散を図るのがよい。また、そのほうが、各教員がシステムを自分独自の教育目標に合わせてカスタマイズできるので、授業支援の有効性はいっそう高まるだろう。

● **技法の活用例** ●

図表8、図表9に、筆者の授業評価分析結果の1例を示す。

図表8は、授業計画途中と計画完了後の授業評価の変化を示したレーダーチャートである。

図表9は、その変化を多変量解析（主成分分析）で構造的に検討したものである（多変量解析は参考文献3参照）。

この授業評価は数量的・評定的なものである。

質的な授業評価の例としては、図表4のように、投稿表現へ返信投稿されたものを、図表10のように投稿者別に表示すると、各投稿者が（返信も含めた）投稿表現

図表8　授業評価結果のレーダーチャート例

（クラスタ）A: Web多方向交流、B: 授業参加度、C: 自己理解と自己成長、D: 総合評価、E: 内的動機づけ、F: 客観的自己理解、G: 教育内容自体

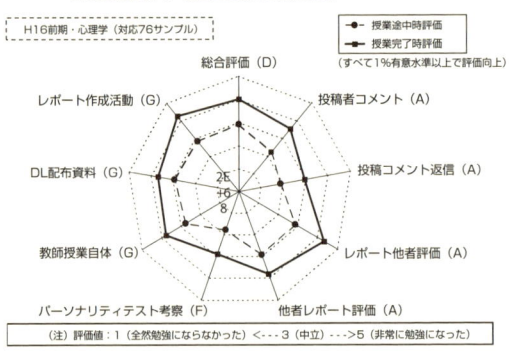

図表9　授業評価変化の構造図例

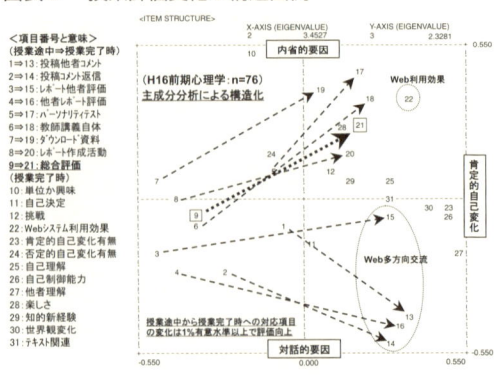

をどれだけ行ったかが投稿数として表示されるから、授業参加度の1指標になる。さらに、その投稿内容を読んで確認すれば「参加の質・深さ」も評価できる。

筆者は、現在、プレゼンテーションやその他の協同学習を中心とする授業でもシステムを運用し、効果を確認している（協同学習に関しては参考文献4参照）。

図表10　投稿者別の投稿数表示例

投稿者別表示で、その人の投稿数や投稿履歴を確認できる。それにより、授業参加度や表現スキル等の変化・向上を検討できる。
また出席確認やレポート提出回数の確認も可能。

要するに、ICT利用によって、授業や授業評価が効率化でき、授業時間外での対話・交流も可能になり、授業にゆとりが生まれ、しかも授業過程のチェックも容易になる。それゆえ、協同学習や議論、発表など、多様な交流や表現活動を導入しやすくなり、しかも活動の実態が把握しやすいから、実践の改善のための手がかりが得やすい。

■参考文献
1『仮想経験のデザイン』石井淳蔵・水越康介編　有斐閣
2『テストだけでは測れない！』（NHK出版生活人新書）吉田新一郎著　日本放送出版協会
3『複雑さに挑む科学』（ブルーバックス）柳井晴夫・岩坪秀一著　講談社
4『学生参加型の大学授業』ジョンソンほか著　玉川大学出版部

奥　正廣　東京工科大学教授

3
対人メソッド

相手自身が問題解決できるように話を聞く

対人メソッド

1. 積極的傾聴法

●技法の概要●

　日本にカウンセリングが導入され、爆発的に広がっていったのは、ロジャースが発案した「来談者中心療法」という理論によってである。「来談者中心療法」とは、文字どおり、すべて来談者中心に考える心理療法であり、ロジャースは、カウンセラーによるこの来談者中心の聞き方を「積極的聞き方（active listening）」と名づけた。

　問題解決は問題をかかえている人自身が行わなければならないが、本人が解決策を見出せない場合は、他者の「積極的聞き方（傾聴）」によって解決への糸口を見つけていくことが有効だ。

　以下に、ロジャースを師匠とし、カウンセラーとして生きてきた筆者が、「積極的傾聴」について解説していく。

●技法の特色●

　積極的傾聴の一番の特徴は、「相手中心に聞く」ということである。しかし、この「相手中心に聞く」というのは簡単なようで、なかなかできないことである。「きく」という日本語には、聞く（listen）という意味と、たずねる・質問する（ask）という意味が含まれているが、とかく私たちは相手の話をじっくり聞いていられず、せっかちに質問ばかりしてしまうものだ。つまり、相手（話し手）中心に話を聞くのではなく、自分（聞き手）中心に聞き出して（質問して）しまうのである。

　また、人の話（問題）を「聞く」ということは、ただ漠然と耳に入れることではなく、相手を理解することである。自分中心で聞き出した情報だけでは、相手を充分に理解するのはむずかしい。

さらに、人間は話を聞くより、話をするほうが好きなので、聞いているつもりが、つい自分の感想や意見を次々に言ったり、自分の経験談を話し始めてしまうことが多い。

このような聞き手がおかしやすい「聞き手中心の態度」をできるだけ排除し、「話し手を尊重した聞き役」に徹することが「積極的傾聴」である。

聞くことは相手の表現を受け取ることなので、事前の準備がしにくく、ぶっつけ本番である。そのため、そのときの相手の状況や表現方法、場面や雰囲気などによって、同じ言葉でも意味が異なることさえあるので、相手中心の聞き方をすることが必要である。相手の気持ちになって相手の話を聞いているうちに、しだいに問題の核心が見えてきて、どう解決に導いていったらよいかと相手自身が気づくようになるのである。

●技法の実践ポイント●

カウンセラーが行う「相手中心の積極的傾聴」とは具体的にどのようなやり方なのか、次の10ポイントにまとめて述べる。

【積極的傾聴の10ポイント】
(1) 相手の話を「素直」に聞く

聞き上手になるには、自分では話さず、相手の話を「素直」に聞くことである。素直な気持ちで聞こうとする人に対して、人は自分から話し出し、このように言ってほしいという答えまで提示したりするものである。また、自分の話に耳を傾けてくれる人の言うことを、人はよく聞くものだ。

「素直」に聞くとは、次の3点をさす。

①言いにくい内容だと前置きが長くなったり、話が飛んだり、矛盾したりするが、そうなっても相手の話を途中でストップさせず、最後までじっと耳を傾ける。

②話の内容にとらわれず、相手の気持ちになって、相手がなぜそう言っているのか、何を感じているのかを考える。

③「その人のことは、その人にしかわからない」ので、教えてもらうという態度で相手の話を聞く。

(2) 1時間以内で集中して聞く

　人が心の中の問題を他人に話せるのは1時間が限度であり、また、聞き手が集中して人の話を聞けるのも1時間以内である。

　友だちとなら徹夜で話せるという人が多いが、それは、友だち同士なので話し手と聞き手が同じレベルに立ち、しかも話し手と聞き手の立場を交代できるので、可能なのだろう。人の話を真剣に聞くことはとても疲れるが、友だち同士のように一時的に聞き手になっているだけなら、次に自分が話し手になったときにその疲れが一気に解消するので、一晩中というような長時間の会話が続けられるのである。

　しかし通常の場合、聞き役に徹して相手のことを充分に理解する「積極的傾聴」は、1回1時間以内にしよう。

　もし長時間にわたって話を聞く必要がある場合は、数回（1回は1時間）重ねて積極的傾聴を行うとよいだろう。

(3) 相づちを打つ

　聞き上手になるためには、ただ黙って相手の話を聞くだけではなく、「あなたの話をよく聞いているよ」と相手に知らせるための「相づち」を打つことが大切だ。相づちによって聞き手の肯定的な態度が話し手に伝わり、話がはずむのである。

　「相づち」には次のようなさまざまな表現があるので、あなたも採り入れてみよう。

①目を見る

　相手の話に、表情でしっかりと反応する。

②黙ってうなずく

　相手の話をさえぎらずに、共感の気持ちを静かに表す。

③一言かけながら、うなずく

　「はい」「はい、そうですね」

　「ええ」「そう」「ふんふん」

　「なるほど」「確かに」「本当にねぇ」

　などと共感を表す一言を言いながら、相づちを打つ。

④相手が話したことを繰り返す

　明快に、短く、要点をつかんで、相手の言った言葉を繰り返すことは、相づ

ちの高等技術である。

これらの相づちを、相手をしっかりと見ながら、相手の話すリズムに合わせてタイミングよく打つことができれば、話をより深められるだろう。

(4)「たまった感情」をはき出させる

相手の言うことがグチや怒りでも、親身になって聞いてあげる。すると、相手はたまっている感情を吐き出すことができるので、ストレスがとれ、聞き手に好感をもちながら落ち着いて話せるようになる。

ただし、聞き手が話し手のグチの内容に深入りしすぎると、話がこじれたり、相手との関係がギスギスしてしまったりするものだ。したがって、グチや怒りはしっかりと受けとめてあげながらも、あくまで聞き流すことが大切だ。

(5)「感情」に対して「論理」で説明してはいけない

相手が感情を出して話し始めたら、たとえ矛盾する内容や好ましくない話でも、「その話は○○だから適切ではない」などと論理で説明してはいけない。「感情」に対して真正面から「論理」をぶつけると、相手は頭では理解しても、気持ちが受け入れられずにストレスになり、話し手と聞き手の人間関係が壊れてしまう。

実りある会話にするためには、聞き手は小さなことにこだわらず、大きな心で「そうなんだ」と話し手に相づちを打ち、相手の感情を尊重し、受けとめることが必要だ。

(6) 聞き出そうとしすぎない

聞き手が熱心になればなるほど、相手から事実を聞き出そうとしすぎてしまう。しかし、警察官でもないのに、事実確認の尋問のような態度で聞き出そうとすると、相手は口をつぐんでしまう。

無理に言わせるのではなく、相手が言いたいことをじっくり聞くことが大切である。すると、自分の話をしっかりと聞いてくれたという信頼感・安堵感から、こちらから聞かなくても、相手からさらに多くの情報を発信してくれる。ちょっとした間をおいたり、沈黙をして、相手から出てくる言葉をゆっくり待てばよい。

また、聞き手の個人的な興味で、相手からあれこれ聞き出そうとすることは

厳禁である。

(7) 自分の話は「聞かれたことだけ」話す

　話の途中で、聞き手が自分の経験談などを話し出すと、とかく相手には自慢げに聞こえたり、あるいは相手がその話に影響されたりするものである。特に問題をかかえた人が相手の場合は、話をすることに臆病になっているので、人の話を聞くと、自分の話がストップしてしまったり、考えが左右されてしまうことがある。

　したがって、聞き手は、相手に聞かれたこと以外は自分の話はしないで、最後まで聞き役に徹することが必要だ。「相手の話す時間をとらない」と言うのが、聞き手の大原則である。

(8)「具体的で身近な情報」を伝えて助言しよう

　相手がかかえる問題・悩みについての質問や相談を受けたときは、具体的で身近な情報を伝えて答えたり、助言をしよう。その際、相手の悩みを批判したり、聞き手の考えを押し付けるような助言をしないように心がけよう。聞き手の考えではなく、相手に役立つ情報、相手の心にしみる情報をいかに与えるかが、聞き上手の技である。

　もし、相談事に答えられない場合は、そのことを素直に述べ、ただひたすら相手の話を聞いてあげ、相手の心のケアをする。

(9) 対等の関係で聞く

　一般的に会話では、年齢や立場が上の人のほうが、下の人に比べて、発言が多く、一方的に話をしているようだ。

　上司や教師・親などが、部下や生徒・子どもなどに積極的傾聴を行うときは、自分がしゃべり出して相手に代わって結論を出したり、指示したりしないように気をつけ、聞き役に徹しなければならない。

　たとえ、年齢や立場が下の相手がうまく問題を分析・理解できないときでも、相手をせかさずに話を聞き、対等の関係で相手と一緒に問題を考えていくことが必要だ。

(10) リラックスさせる小道具を使う

　部屋に窓やカーテンがあったり、観葉植物や熱帯魚の入った水槽、余分な椅子、飲み物などが置かれていると、気づまりが緩和されるだろう。小道具がなければ、かわいい文具などを携帯して、その場で使うだけでも、リラックスした雰囲気をかもし出せるので、話がスムーズに進むだろう。このような相手に心を開かせる、ちょっとした演出を心がけたい。

　以上のような「積極的傾聴の技術」を実践すれば、たとえ初対面の人であろうと、相手との信頼関係が築け、自らがかかえる問題や問題に関する重要な情報などについて充分に語ってもらうことができるだろう。そして、話すことによって、話し手自身が問題点に気づき、問題解決を図るアクションをとれるように導くことが「積極的傾聴」の狙いである。

　「積極的傾聴」では、常に相手中心に話を聞くが、話の中から問題解決を図っていくのは相手自身であることを忘れてはならない。より詳しく学びたい人は、参考文献1をお読みください。

■参考文献
1『プロカウンセラーの聞く技術』東山紘久著　創元社
2『プロカウンセラーのコミュニケーション術』東山紘久著　創元社
3『教育分析の実際』東山紘久著　創元社

東山紘久　京都大学副学長

自分も相手も大切にする表現で状況を好転させる

対人メソッド

2. アサーション法

●技法の概要●

　アサーション（assertion）を直訳すると「主張、断言」であり、アサーション・トレーニングは、「自己主張訓練」と訳されているので"自己主張"という強い語感から誤解も多い。この Assertive（断定的な）、Assertiveness（我を張ること）という言葉が、なぜ「自分も相手も大切にする」自己表現に用いられるようになったのかについては、次のような歴史的背景を知っておくとわかりやすい。

　差別に対する闘いは、歴史的には人種差別から性差別へと進んできた。1865年のアメリカのリンカーンによる奴隷解放宣言以降、黒人による公民権運動がわき起こった。100年後の1965年、少数民族や女性など、これまで差別を受けてきた人々に対する積極的な差別是正策（アファーマティヴ・アクション）をとるよう大統領行政命令が出された。

　この黒人の社会的権利獲得から学び、1970年代に入ると女性解放運動やレズビアン・ゲイ解放運動が高まる。その解放運動の中から、社会的弱者が奪われていた権利に気づき、また禁止されていた事項から自らを解放するために、「アサーション」という言葉が積極的に用いられるようになった。そして、それまで神経症者に対する行動療法として用いられていたアサーション・トレーニングが、人権回復と他者尊重のコミュニケーション技法として認知され、一般化していったのである。

　アサーティブネス（Assertiveness）は、現在、次のように定義されている。

　「自分の要求や意見を、相手の権利を侵害することなく、①誠実に、②率直に、③対等に、④自己責任で、表現すること」。この①～④を、アサーティブであることの「4つの柱」と言う。

●技法の特色●

「4つの柱」に見るように、アサーティブとは心構えのことである。このことをより理解するために、交流分析で用いられる「4つの人生に対する基本的姿勢」を知っておくとよい。

人生は「I（自分）」と「You（自分以外の人）」の関係である。図表1に見られるように、その関係は次の4つに分かれる。

① I'm　　OK. You're　　OK.　　互いを認める
② I'm　　OK. You're not OK.　　人のせいにする（自分は悪くない）
③ I'm not OK. You're　　OK.　　自分を責める（自分が悪い）
④ I'm not OK. You're not OK.　　虚無的

図表1　人生に対する基本的姿勢

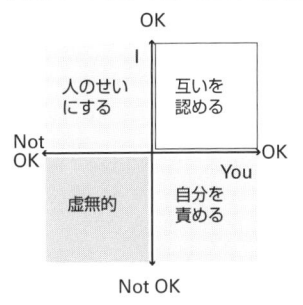

図表2　自己表現の4つの型

図表2は、アサーション・トレーニングで区分する下記の「4つの自己表現の型」を「人生に対する基本的姿勢」に対応させてみたものである。
(1) アサーティブな表現………自分も相手も大切にする表現
(2) 攻撃的表現…………………くってかかる
(3) 受身的表現…………………我慢する
(4) 受身的・攻撃的表現………言い返さないが従わない

自分が認められ、同時に相手も認められていることが「基本的人権」が成立しているということである。つまり、アサーティブな表現とは、基本的人権が認められた社会を作り上げる土台となる大切なコミュニケーション技法と言うことができる。

アサーティブとは心構えだと述べたが、社会的弱者の自己主張という歴史的背景をもつため、次の12の事項を「自分のもつ権利」として掲げている。

> ① 押し付けられた役割にとらわれることなく、自分のための優先順位を決める権利
> ② 敬意をもって扱われる権利
> ③ 自分の感情を認め、それを表現する権利
> ④ 自分の意見と価値観を表明する権利
> ⑤ 「イエス」「ノー」を決めて、言う権利
> ⑥ 間違う権利
> ⑦ 考えを変える権利
> ⑧ わからないことをわからないと言う権利
> ⑨ ほしいものやしたいことを求める権利
> ⑩ 人の悩みを自分の責任にしなくてもよい権利
> ⑪ まわりの人からの評価を気にせず、人と接する権利
> ⑫ 常にアサーティブでなくてもよい権利

　いかがだろうか。「権利」だと認識すれば、「やってもいいんだ」と心の背中を押してくれて勇気がわくと思う。また、人は親子関係の中で、グールディング夫妻の唱えた「自分を縛る禁止令」(*1)や、ケーラーの唱えた「自分を駆り立てるドライバー」(*2)に無意識のうちに囚われている。その親もまた、時代や社会、地域や親などの環境から刷り込まれ、押し付けられてきた暗黙のルールの囚われの中にいる。それらの囚われから解放するものが「12の権利」と言ってもよいだろう。囚われから自由になったとき、初めて人は自分の人生を歩くことができる。そういう意味で、アサーティブなコミュニケーションとは、自分も相手も自由にする表現技法だと言える。次に、アサーティブであるためにはどのように技法を用いればいいのかについて述べる。

●技法の手順●

　まず、状況における感情のあり方を見てみよう。

自分　状況　相手		相手と自分の間に、何らかの良くない状況が起きたとしよう。
自分の感情　≫≫　要求		その状況で生まれた嫌な気持ちは、その状況を変えれば解消されるものであり、そこから、どう変えてほしいのかという要求が生まれてくる。
我慢する ⇓ わだかまり	くってかかる ⇓ こじれ、しこりが残る	このとき、「言うと気まずくなる」と予測して自分が我慢すると"わだかまり"が残ってスッキリしない。逆に、「悪気がある」と一方的に推測して、あるいは我慢が切れくってかかると"しこり"や"こじれ"が残ってしまう。

では、どうすればいいだろうか。相手が適切な行動をとらない限り状況が変わらないとすれば、相手にどう動けばよいのかが的確に伝わらなければならない。アサーションの１技法「DESC法」でそのやり方を見てみよう。

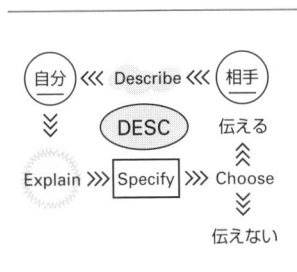

D:Describe （「描写」できる状況）
E:Explain （「説明」できる感情）
S:Specify （「特定」できる要求）
C:Choose （「選択」できる行動）

　つまり、状況を描写できるくらいに把握し、どの部分が感情を引き起こしているのかを分析し、自分がスッキリするためにはどのようにしてほしいのかを特定し、最後はそれを相手に伝えるか伝えないかを自分で選ぶという流れである。

　伝えるための大事なポイントは、次の２つである。
①自分の感情を知っていること
②自分が要求したいことを知っていること

●技法の活用例●

　では、実際の事例から見てみよう。レストランで妻（もしくは子）が注文したお肉が温まりきっていなかった。しかし、表面だけではわからず、一口食べた後だった。あなたはどうするだろうか。P.117の自己表現の４つの型の中からまず、アサーティブでない３つの自己表現の場合を見てみよう。

(2) の攻撃的表現（P.117参照）
「なんだこのレストランは！　客にこんな冷えたものを食わせるのか」
(3) の受身的表現（P.117参照）
「口をつけてしまったから仕方ないね。私のと変えてもいいよ」
(4) の受身的・攻撃的表現（P.117参照）
「なってないねこの店は、もう２度と来たくないね」

　上記の結果はそれぞれどうなるだろうか。

(2) の表現をした結果
変えた後も気まずさが残り、楽しい時間が過ごせなくなる。

（3）の表現をした結果
結局、妻（子）に我慢を強いることになり、気まずくなる。
（4）の表現をした結果
文句を言うだけで行動しない夫（親）に不信感（不満）をもつ。

では、「DESC法」で状況を見てみよう。

D: 楽しみのお肉の芯が冷えていた。
E: がっかりと落胆した気持ち。
S: 温めてもらえば落胆は解消する。
C: 店の人に状況を伝えて温め直してもらうように頼む。

このように状況を把握すると、大げさに言うことでも我慢することでもなく、状況を伝えればいいことだとわかる。

では、アサーティブの「4つの柱」（①誠実に、②率直に、③対等に、④自己責任）を基に表現してみよう。
「一口かじってわかったんですが、肉の芯が冷たかったんです。すみませんが温め直していただけますか（or いただけるとありがたいのですが）」
アサーティブに対応した結果はどうなっただろう。
①ウエイトレスは謝罪の上、快く応じて、しかもまったく新しいホカホカのお肉をもって来たので、妻（子）も喜んだ。
②最初の幻滅は店の再評価につながり、また来ようという気持ちになった。
③店の方もリピーターを確保できたのみならず、自分たちの不注意に気づくきっかけとなり、将来の損失を未然に防止した。
④ウエイトレスは、お客さんが喜んでいる姿を見ることに喜びを感じ、自分の仕事に、そして自分が働く店に誇りを感じた。

このように、アサーティブな対応は、相互に良い気づきをもたらし、同時に社会を良い方向へと導くものである。ポイントは次の5つである。

① 相手に対する傾聴の姿勢をもつ
② 焦点を絞る
③ 「I（アイ）メッセージ」で伝える
④ 穏やかに肯定的に依頼する
⑤ 最悪の場合を想定しておく

相手も自分と同じく尊重されなければいけない人間であることを忘れてはい

けない。相手の事情を聞く心の余裕をもってほしい。

「Iメッセージ」とは、自分の気持ちを伝えるメッセージだ。「○○してくれるとありがたい」「○○なら嬉しい」という自分の思いを伝える伝え方である。

これに対して「あなたが○○すればいい」とか「あなたに○○してほしい」と相手を動かそうとする伝え方を「Youメッセージ」という。人はあくまでも自分の行動は自分で決めたいから、相手を動かそうとするメッセージはこじれを生むことが多い。

また、相手がどのようなフィードバックをしてくるかによって、次の手段を柔軟にとることができるように、いくつかの選択肢を用意しておくとよい。

<参照>
*1: グールディング夫妻は、子の人生に悪影響を与える親の言動を「禁止令」と呼び、次の11をあげている。
1. 存在するな　　　　　「おまえさえいなければ」、虐待
2. 重要であるな　　　　「大人の会話に口を挟むな」
3. 楽しむな　　　　　　「弟妹の面倒を見ろ」「礼儀正しくしろ」
4. 大人になるな　　　　「かわいい、かわいい」
5. 感じるな　　　　　　「男は歯を見せて笑うもんじゃない」「泣くな」
6. 考えるな　　　　　　「理屈を言うな」「おまえは○○だけ考えていろ」
7. 成功するな　　　　　（何をやっても常に批判される場合）
8. おまえ自身であるな　「おまえが、○○だったら良かったのにねぇ」
9. 健康であるな　　　　（病気のときだけ気づかってくれる場合）
10. 仲間をつくるな　　　「塾があるんだから遊ぶんじゃない」
11. 自分からするな　　　（何かやろうとする度に注意を受ける場合）

*2: テイビー・ケーラーは、親からのメッセージで子を"駆り立てるもの"を「ドライバー」と呼び、次の5つをあげている。解放されるためには「」に書いた許可を自分に与えるとよい。
1. 完全であれ　　「あなたはあるがままでいい」
2. 努力しろ　　　「疲れたら休んでいい」
3. 急げ　　　　　「ゆっくりやっていい」「自分のペースでいい」
4. 喜ばせろ　　　「自分のことを考えて、自分を大事にしていい」
5. 強くあれ　　　「弱みを出して人に頼っていい」「オープンでいい」

■参考文献
1『アサーショントレーニング』平木典子著　日本・精神技術研究所
2『セルフアサーショントレーニング』菅沼憲治著　東京図書
3『アサーティブ』岩舩展子・渋谷武子著　PHP研究所
4『教師のためのアサーション』園田雅代・中釜洋子・沢崎俊之編著　金子書房

中尾英司　中尾相談室室長

学び合いによってさまざまな同時学習を促す

対人メソッド

3. 協同学習法

●技法の概要●

　スモールグループによる話し合いを導入すれば、それが「協同学習」ということではない。協同学習は学習指導の進め方に関する「考え方」なのである。そこでは、「学習集団に所属する仲間全員が高まること」をめあてにして学習する仕掛けを一貫させることが大事なのである。切磋琢磨による競い合いの活動も、共に伸びることを目ざしている限り、それは協同である。

　協同学習の考え方を実現するためにスモールグループを用いる授業が多いことは確かだが、一斉形態であっても、学級成員が仲間の成長を願いながら授業に臨む協同学習を実現することはできる。個別の取り組みでも、仲間からの無言の応援が1人ひとりに届くような学習集団で学んでいるのならば、それも協同学習と言える。

　協同学習の良さは、共に育ち合う人間関係がもたらす動機づけの高まりにある。協同による動機づけは、競争の動機づけに比べて効果が高いことが、実証研究で一貫して示されてきている。

　協同学習は、教科にとどまらず、すべての学習指導場面の基底に置かれるべき「原理」である。これまで、各教科、学級会活動、道徳、総合的学習、部活、学校の荒れの克服などで、数多くの実りある実践が報告されている。

　なお、協同学習は日本では1960年代から地道な実践と研究が重ねられてきているが、最近は世界的にその関心が高まり、実践も幅広く進められてきている。

●技法の特色●

　「協同学習」の主な特色は、次の2点である。

(1) 学習者の習得を高めることができる

協同による動機づけに加えて、仲間相互の情報交換が学びを深めていく。学習の得意な者は、教えることを通して学習内容が整理され、定着もよい。また、仲間に教えるという構えで学ぶことも、学習促進の条件となっている。

さらに顕著なのは、学力の底上げである。競争による動機づけは、勝つ見込みのある一部の者にしか働かない。しかし協同では、誰もが、自分を支援してくれる仲間の中で学習できるのである。

(2) 学習の過程で豊かな同時学習ができる

コミュニケーションの力が育つ経験だけでなく、自律的学習態度、集団における個人の責任など、生きる力につながる学習が同時にできる。教科指導と生徒指導を一体化して実現できるのである。

実際に社会に出て必要な人間関係は、単なる仲良しではなく、共に効果的な仕事のできる集団として機能する関係である。授業を中心とした課題追求の過程で協同を導入すれば、本当に必要な社会的技能、社会的態度が同時に育つことになる。

●技法の手順●

ただ、協同学習は容易ではない。経験だけで進めるとしばしば失敗する。その進め方の基本を的確に学んでおく必要がある。

協同学習を効果的に進めるための技法の手順と留意点を次に示していこう。その有効性のほとんどは、実践ばかりでなく、実証研究でも明らかにされている。

(1) 一般的な授業の流れ

協同学習による授業は、一般的に次のように進められることが多い。固定的なパターンがあるわけではない。教材や学習者の状況に応じて工夫を加える必要がある。

①教師による本時の課題提示

②教師の解説
③スモールグループによる取り組み
④全体交流（グループ発表を含む）
⑤教師のまとめ

　このようなステップを1単位時間内に1回か2回踏む。教師の講義の合い間に、時折、短時間のグループ活動を入れるという形もあるが、そういった進め方の多くは教師主導の授業の補助手段であり、スモールグループを導入していても協同学習とは言えない場合がしばしばある。

(2) 集団課題の明確化

　グループでの話し合いを成功させる何よりの秘訣は、どのような集団課題を与えるかにある。話し合いが拡散するとか、ムダ話でざわつくなどは、学習者に話し合いの力や態度が身についていないのではなく、集団課題が不適切である場合がほとんどである。

　「この課題についてグループで話し合いなさい」「グループで取り組みなさい」といった教師からの指示が一般的であるが、この程度の指示では学習者は何を話し合ったらよいのかわからない。気の利いたグループリーダーに頼るしかなくなってしまう。

　そこで、次のように表現を変えてみよう。「この問題について、グループの誰が指名されても説明できるようにしなさい」「グループで一番適切だと思う答えを1つ考え出しなさい」。こういった指示ならば、学習者が何を話し合えばいいかよく理解できる。グループメンバー全員が共通して理解できる課題になるのである。

(3) 役割の工夫

　グループでの話し合いに際して、教師がメンバー1人ひとりに役割を与えることも効果的である。4人グループならば、「司会者」「発表者」「記録者」「連絡係」などである。役割は固定でなく、持ち回りにしたほうがよい場合が多い。時間ごとに変えている教師もいる。

　リーダーは固定したいという教師もいるようだが、それは特別な場合を除いて必要のない配慮である。集団として何をすればいいか明確に伝えられれば、ほとんどの者が司会者になることが可能である。皆がリーダーとして育つこと

が大事だということを教師が伝えておきさえすれば、司会が不得意な者にその番が回ったときには、他の仲間が必ず支援してくれると思って間違いはない。

(4) 個人思考と集団思考の組み合わせ

グループによる話し合いでは、発言する者としない者の偏りが生じがちである。学習の遅い者が突然話し合いの中に入れられれば、発言内容を考え出す暇もなく、他者主導で話し合いが進んでしまうことは想像に難くない。

これを避けるために、集団思考に入る前に、個人思考のステップを入れることが有効である。話し合いに向かうための仕込みを各自で行い、その後に話し合いに入るのである。発言の偏りは小さくなるし、仲間の話を聞くときの構えも違ってくる。

(5) グループの編成

グループサイズは4～6人が普通である。6人を超えると、話し合いの過程でグループが2つに分裂しがちになる。小学校低学年ではペア学習にとどめる実践も多い。しかし、2学期くらいになれば、学習課題や役割指定を適切に工夫することで、1年生でも4人グループで充実した学習を進めることは充分に可能である。

グループ編成は、集団の中が異質であることが基本である。学力も高低が混在している条件の方が、学習に有利である。似た者同士を集めた能力等質集団は、低学力集団はもちろん、高学力集団でも、異質な組み合わせに比べて効果

スモールグループによる
協同学習の風景

は低い。男女も混成グループが基本である。常に共に学ぶ経験をすることで、小学校高学年以降の男女の反発期などが、授業の中では見られなくなる。

なお、仲良しかどうかといった人間関係は基本的には考慮の必要はない。グループの中で新たな人間関係を作り上げていく経験が重要なのである。

スモールグループの編成替えは、1学期に2回程度は行うことが望ましい。仲間相互の関係を学級全体に広げ、学級全体の協同学習を促す手だてとするのである。

(6) 相互評価

グループの中では、互いを高めるためという意識づけを行った上での相互評価の機会を設けることが望ましい。仲間の説明はよくわかったか、教師の求めた水準に達していたかなど、話し合いや評定などによって評価し合うことは、自己評価能力を高める機会としても貴重である。

(7) グループ活動の振り返り

話し合いの後に、その話し合いが自分にとってどのような意義があったか、また仲間一人ひとりにとってどのような意義があったかを、個別に、あるいはグループで振り返る機会を、毎時でなくとも、要所要所でもつことが必要である。一つひとつの活動の良さを確認することで、次のグループへの積極的参加を促すことが可能になる。

●技法の活用例●

算数の授業例である。教師は、児童が自分で読めば理解できるテキストを準備し、授業開始時にその時間の目標（「学級の全員がテキストの中にある問題の解き方を説明できるようになること」）を明確に伝える。

その後、教師の解説なしに、直ちに個人によるテキストの読み取りに入る。学習の遅い者が読み終わった頃に（学習が早く済んでしまった者にはドリルなどを用意しておく）グループでの学び合いを指示する。グループの課題は「グループの中の誰が指名されても問題の解き方を説明できるように」である。学び合いは学習者主体で進行させる。教師は必要最小限の指導にとどめる。学び合いの後は、教師が進める全体交流と短時間の的確なまとめでしめる。これは典型的な協同学習の進め方のモデルの1つである。

協同学習では、先の「技法の手順」の活用を基本においたさまざまな授業モデルがある。話し合いの過程でグループの組み合わせを変えて多様な交流を図る「ジグソー法」、予習を前提とし、読み取りをグループで深めていく「LTD話し合い学習法」、総合的学習の時間のような調べ学習の過程で協同を通して学びの方法まで身につけさせることができる「グループ・プロジェクト」、さらに、日本の伝統的な協同学習理論である「バズ学習」などがそれに当たる。

　また、教科指導以外に、人権教育などでも人間関係を基盤においた協同学習を導入している実践は多い。協同原理の適用は、教師集団の協同、学校と地域の協同と、広がりをもつほど、子どもにとってより望ましい学習環境をつくっていけるのである。

■参考文献
1 『先生のためのアイディアブック―協同学習の基本原則とテクニック』ジェイコブス他著　ナカニシヤ出版
2 『学習の輪―アメリカの協同学習入門』ジョンソン他著　二瓶社
3 『バズ学習の研究』杉江修治著　風間書房
4 『実践・LTD話し合い学習法』安永悟著　ナカニシヤ出版

杉江修治　中京大学教授

根拠を明らかにして論理的に述べる力をつける

対人メソッド

4. 教育ディベート技法

●技法の概要●

　議論とディベートの基礎を築いたのは、アリストテレスの修辞学とされる。英語圏の大学では、オックスフォードとケンブリッジの間で、1400年代初期に行われ、イギリスでは政治家の必修プログラムとなっている。アメリカでは、1800年代後半に始まったと言われる。現在でも、大統領選挙の重要な討論の1つになっている。

　日本では、英語によるディベート大会から始まった。戦後、大学対抗なども行われた。学校教育にディベートが積極的に取り入れられ、教育雑誌や教科書などで紹介されたり、教育関係の学会や研究会などで実践報告されたりしたのは、1990年代に入ってからである。現在では、道徳・学級（ホームルーム）活動・国語・社会・英語・総合的な学習の時間などで行われている。

　学校教育におけるディベートは、「論理的で批判的な思考力」「的確な理解力」「適切な表現力」「情報活用能力」「集中力」などの教育的効果をねらって実践されている。

　本稿では、キャッチフレーズにも示したように「根拠を明らかにして論理的に述べるディベート法」を中心に述べる。

●技法の特色●

　ディベートとは、「ある論題（テーマ）に対して、肯定（賛成）側と否定（反対）側に分かれ、一定のルールに従って議論する討論の一形式である。判定は、第三者である審判団が行う」というのが一般的な定義である。

　学校教育におけるディベートは、次のような学力を身につけるために行うのが一般的である。

> ① 立場を明確にし、根拠を明らかにして論じ合う力
> ② 筋道を立てて考え、批判的に思考する力
> ③ 必要な情報を収集し、効果的に活用する力

　上記の「① 立場を明確にし、根拠を明らかにして論じ合う力」は、ディベート技法の最も大きな特色の一つである。たとえば、「死刑制度は廃止すべきである」という論題に対して「そのとおりだ」という肯定（賛成）側に立つのか、「廃止すべきではない」という否定（反対）側に立つのかを明確にして議論をするのがディベートである。その中間はない。日本では、昔は「源平討論合戦」などと呼ばれたこともある。「根拠を明らかにして」論じ合うのもディベートの特色である。

　そのために「③ 必要な情報を収集し、効果的に活用する力」が大切になる。「② 筋道を立てて考え、批判的に思考する力」は、現代の教育に強く求められている学力でもある。ディベートにおける「立論」「反対尋問」「最終弁論」などの際に身につく学力である。たとえば、「事実と意見を区別して考える」「立論や最終弁論の構成を工夫する」「根拠や理由を明らかにする」「効果的な論理の展開を工夫する」「主述の明確な文を考える」「肯定と否定の発言の相違点を聞き分ける」「評価し判定する」などといった活動を通して身についていくものである。

　「③ 必要な情報を収集し、効果的に活用する力」は、さまざまなメディア（新聞・雑誌・単行本・事典・インターネット・アンケート・インタビューなど）を活用することで、いわゆるメディアリテラシーの力もつく。

●技法の手順●

　学校教育における「教育ディベート」の手順は、基本的・一般的には、次のように行われる。

① 論題を決定する … 学習者の実態に即して、ディベートにふさわしいテーマを選択し、決定させる。

② 立場を決定する … 論題に即して、肯定（賛成）か否定（反対）かの立場かでチーム（4～6名）を組ませる。

③ 情報を収集する … それぞれの立場を主張するためにふさわしい必要な情報をさまざまなメディアから収集させる。

④ 立論を構成する … それぞれの立場を主張するために、根拠をあげて双括型で効果的に立論を組み立てさせる。

⑤ 討論会を開く … コーディネータやタイムキーパなどの役割を決め、ルールに従ってディベート討論会を行う。

⑥ 判定と講評を行う … 評価の観点に従って審判団に公平な判定をさせ、指導者が適切な講評を行う。

●技法の活用例●

（1）ディベートにふさわしい論題

　教育ディベートでは、筆者の経験知から言えば、たとえば、次のような論題がふさわしいと思われる。ディベート授業の成否は、この論題の選択が大きく左右することも忘れてはいけない。【資料1】参照。

・中学生は大人料金（運賃）を払うべきではない
・年賀状は必要でない
・制服は廃止するべきである
・給食は弁当にするべきである
・すべてのゴミは有料にするべきである
・学校帰りに寄り道をしてもよい
・中学生はアルバイトをしてもよい
・携帯電話を学校に持ってきてもよい　　　　など

(2) 効果的な立論の構成

　立論は、自分たちのチームの立場とその主張ための根拠や理由をいかに明確に、論理的に組み立てるかがポイントとなる。次に示す例は、「制服は必要でない」という論題に対する肯定側と否定側の立論を組み立てる際のキーワードである。【資料2】参照。

＊肯定側－「制服は必要でない」
○根拠・理由－①活動的でない
　　　　　　　②不潔である
　　　　　　　③寒暖の調節ができない
＊否定側－「制服は必要である」
○根拠・理由－①私服に比べお金がかからない
　　　　　　　②友だち同士に差別感がおきない
　　　　　　　③夏服と冬服があり便利である

---

(3) モデルディベートの一例　－　論題「制服は必要でない」－

【資料2】モデルディベート「制服は必要でない」の一部

司会（佐藤）それではルールに従って第一回ディベート討論会を始めます。最初に、肯定側の立論を始めてください。時間は、3分です。
1. 肯定側の立証（3分）
中島　これから「制服は必要ではい」という肯定側の立論を行います。メンバーは、皆さんから向かって左から、渡辺、森、江龍、そして立論を述べる中島です。
　私たちは、「制服の欠点」について考えました。
　第1に、制服は活動的でないということです。たとえば、先生がよく注意されるスカートの丈ですが、スカートが短いとぞうきんがけができないと言われますが、では長かったらどうでしょうか。ひだが多すぎてやりにくいと思います。掃除に限らず、制服は重く、活動的ではありません。
　第2に、制服は不潔だということです。
　（その理由を述べる。（省略））
　第3に、寒暖の調節ができないということです。
　（その理由を述べる。（省略））
　今まで述べてきた理由から、私たちは制服に反対します。みなさんは、どう思われるでしょうか。
　これで、肯定側の立論を終わります。（拍手）
司会（佐藤）ありがとうございました。ちょうど3分でした。では、否定側の立論を始めてください。時間は同じく3分です。
2. 否定側の立論（3分）
関根　これから「制服は必要でない」というテーマについて「必要である」という否定側の立論を始めます。私たち否定側のメンバーは、浅島、宮田、富本、そして私、関根です。
　まず、私たちは、他の班の人にアンケートをとりました。その質問事項は「制服は必要か」「その理由」「制服に対する不満」「制服の良い点」の4つについてです。

司会と時計係は、次のディベートを行う班の班長が担当する。（2人）

司会
制限時間を明示する。

立論
　立場
　　根拠・理由
　　　第1に……
　　　第2に……
　　　最後に……
　予想される反論と
　その解決策
　立場

司会
立論が終わっていなくても時間がきたら、ストップをかける。

敬語体で話す
（〜です。〜ます。
思われる　みなさん）

収集した情報は、黒板にはり、指し示しながら説明する。

3　対人メソッド

（4）ディベート授業の風景から

【資料1】各班から出された論題を白板に書き出す

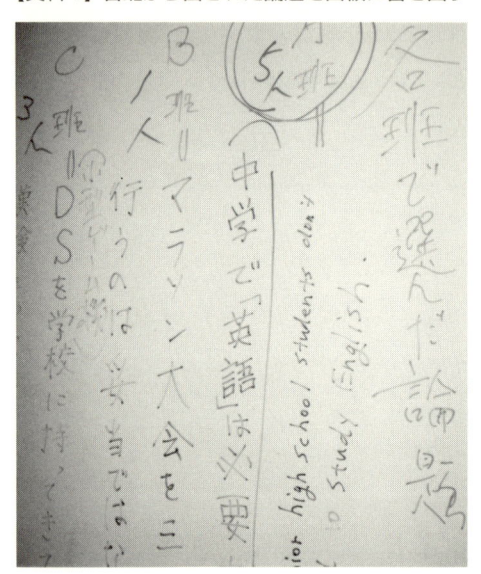

【資料3】根拠となる数値やグラフを緑板に貼って示す

【資料4】否定（反対）側の立論　　【資料5】肯定（賛成）側の否定（反対）側に対する反対尋問

【資料6】ディベート討論の教室形態

3 対人メソッド

■参考文献
1 『国語科ディベート授業入門』花田修一著　明治図書出版
2 『生きる力を育む 話し言葉授業の改革』花田修一著　明治図書出版
3 『「伝え合う力」とは何か』花田修一著　三省堂

花田修一　日本教育大学院大学教授

チーム学習でコミュニケーションと問題解決力をあげる

対人メソッド

5. 教育アクションラーニング

●技法の概要●

「アクションラーニング」とは、問題解決に取り組みながら組織、チーム、個人の力を育成していくチーム学習法である。「アクションラーニング」は、チームでの会議と解決行動を繰り返すことを通して、問題解決と学習のバランスをとりながら、同時に両方とも実践する。

「アクションラーニング」では、問題解決、個人能力のアップ、そして、チームの育成といった3つの異なるベクトルでの効果が同時に起こる。これらの効果は、利用場面や状況により焦点の当たり方が異なるものの、かならず同時に起こり、どれか1つの効果だけが起こるというようなことはない。

この手法による教育現場での効用としては、次の5点があげられる。
①問題を解決する
②参加者のコミュニケーション力をアップする
③参加者の主体的かかわりを醸成する（気づきを生み出す）
④チームを構築する
⑤信頼関係の基盤の上に成果をあげるチーム文化を育成する

●技法の特色●

【歴史的背景】

「アクションラーニング」は、ヨーロッパで発祥し、半世紀以上の年月のなか時代に合わせて変遷してきた手法である。「アクションラーニングの父」と言われるイギリスの物理学者、レグ・レバンス（1907～2003年）がその雛形を提唱した。

図表1　チーム学習のプロセス

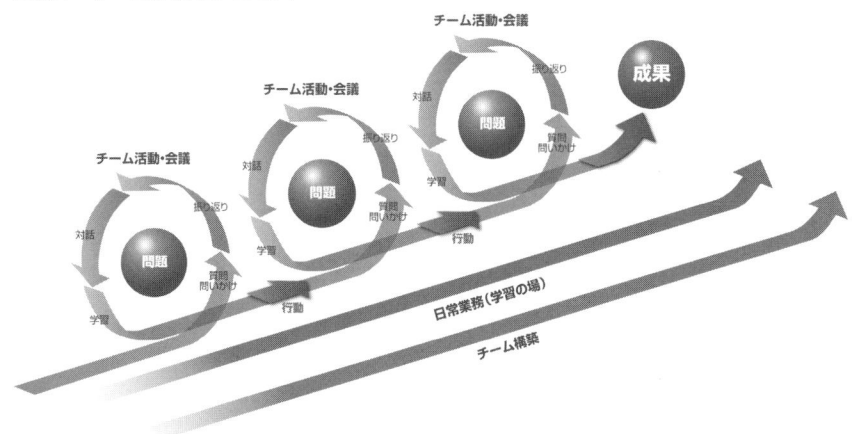

【マーコード・モデル】
　レグ・レバンスの薫陶を受けたマイケル・J・マーコードは、アメリカのジョージワシントン大学大学院の人材開発学の教授であり、彼自身が関与した導入実践の中で、プロセスに対する独自のフォームとメソッドをつくりあげた。彼のメソッドは、アクションラーニングの効果の安定化を図り、アクションラーニングの促進者（＝ファシリテーター）であるAL（アクションラーニング）コーチ養成において非常に効果が高い。その手法の核になるのは、セッション（会議）における平易なフォームとルールであり、それゆえ実行もシンプルで実践力がある。
　マーコードは、アクションラーニングの構成要素に以下の6つをあげている。
①問題（Problem）：現実にかかえる問題が設定されていること
②グループ（Group）：4〜8人のメンバーがいること
③質問と振り返り（Question & Reflection）：質問と振り返りのプロセスがあること
④行動（Action）：解決に向かって行動すること
⑤学習（Learning）：成長や変化に対して意欲的であること
⑥ALコーチ（Action Learning Coach）：アクションラーニングを促進するALコーチが機能として存在すること

●**技法の手順**●

「アクションラーニング」の流れは、単なる1回の会議だけでなく、4～8人の小グループで、チームがかかえる、もしくは与えられた問題を扱う会議（＝セッション）を核にして、問題解決のための実践と思考を繰り返す一連のプロセスである。

マーコード・モデルのセッションでは、1セッション50分間の枠組みの中で、一定のフォームに沿った流れで展開する。

まず、メンバーの問題が提示され、それをチームで問いかけを行うことにより、真の問題を明確にしていく。「問題が何か」を参加者が理解したところで、問題解決の行動を考察し、実際の解決行動に移していく。

(1) 2つの基本ルール

手法の核になるルールは次の2つである。
①質問中心：自分から語らない
②振り返りの時間をとる：ALコーチには常に介入権限がある

これらのルールは実践の中から生まれ、その平易で高い実践力により、アクションラーニングのコアとなる場を形成することを可能にしている。

(2) チーム規範の設定

チームは、これから展開するセッションにおける行動規範を設定する。たとえば、「守秘義務（この場は安全な場である）」、「参加メンバーは平等である」、「共有とサポートに価値をおく」、「何が悪い」、「犯人は誰だと言うより、どうすれば解決するかに視点をおく」、など。

図表2　セッションの流れ

```
1.ルールの確認と規範設定
        ↓
2.取り組むべき問題の提示          ─┐
        ↓                          │ 全員問題を
3.取り組むべき問題の明確化         │ 紙に描き、
        ↓                          │ 発表
4.チーム状況の確認：最初の介入     │
5.取り組むべき問題の再定義        ─┘
        ↓
6.ゴール設定
        ↓                          ─ 共有
7.解決案・行動案の検討            ─┐
        ↓                          │ 全員問題を
特定の行動を（計画）する           │ 紙に描き、
測定可能 現実的行動                │ 発表
実際に行う 期限付き                │
8.行動計画の設定                  ─┘
        ↓                          ─ 共有
9.振り返り
```

(3) フォームとしてのセッション（会議）：プロセス管理【図表2　セッションの流れ参照】

セッションの流れはきちんとしたステップをもち、ALコーチはこのプロセスの管理もする。具体的に見ると、1時間ほど（基本は50分）のセッションの中で、

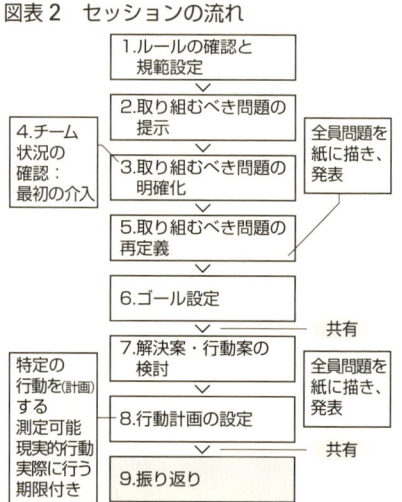

①ルールと規範の確認をする　　②問題の提示をする
③問題を明確化する　　　　　　④最初の介入をする
⑤問題を再定義し、共有する　　⑥目標を設定する
⑦行動計画を作成する　　　　　⑧行動計画を設定し、共有する
⑨振り返りをする

の各ステップを踏むことである。これらの流れを円滑にし、個人とチームの成長の促進を AL コーチは行う。

　セッションの流れをより実際に即して確認すると、まずは2つの基本ルールと規範の確認（①）、つまり、信頼関係と安全な場であることの共通認識の構築があり、その上でメンバーの1人から問題提示がなされる（②）。これをもとに質問を中心とした対話がなされ（③）、途中でグループ状況の確認が入る（④）。ここで振り返りの時間をとり、再度質問を中心とした対話に入り、問題の再定義を行う（⑤）。次に、再定義された問題の解決された状況、目標（ゴール）を設定する（⑥）。今度は、その目標を念頭に置いた行動計画案についての質問をしていく（⑦）。そして、全員の同意を得た上でこの問題に対する解決策、行動案の検討に入り、さらにここでも全員の同意を得る（⑧）。

　そして、セッションの最後に振り返りの時間をとり、セッションの効果、チームプロセスでどのようなことが生じていたか、また、どのようにここで得た学びを日常生活や今後に展開するかなどをチーム全体で振り返ることになる（⑨）。

　セッションで参加者全員が、問いかけを続ける中で、問題の本質がチーム全体で明確化してくる。また、質問をする、ということを意識することで、話を聞き流す参加者はいなくなり、質問形式のコミュニケーションは、言い切り型の意見の応酬より、より高いレベルでの関係構築や信頼関係を生み出す。さらに、質問は、問われるほうも、問いかけるほうにも、自らの気づきを誘発し、変化に対する受容と自己改革を生み出す。質問をベースとした対話がなされていくに従い、個々人がその問題をチーム全体の問題としてとらえられるようになってくる。これは「問題がテーブルの真ん中に出てきた」という状況である。このようにして、参加者がますますその問題を深く考え、自分のものとして考えていくという好循環が生じていくのである。

　チームとしての目標を設定することによって、よりビジョンが明確化し、同時に、自分の目標との整合性が明確になる。こうして、最終的に全員が同意できる行動計画をつくるが、それは逆に言えば、全員が責任者というポジション

に立つということであり、組織の中で行った場合には、おのずと、提示した本人だけではなく、他の人も解決行動をとることにつながっていく。
実際、行動計画をチームとして共有・立案し承認することは、1人で計画立案した場合よりも高いコミットメントを生み出していくものである。

　そして、この先には「振り返り」の時間を必ず設ける。これは、問題解決そのものの振り返りもあれば、チーム活動に対する振り返りでもある。お互いがより深く理解し合えるための、また思考力を促進するための、極めて重要な時間となる。具体的に「振り返り」によってどのような効果が生じるかと言えば、まずは問題に対しての新たなアプローチや、より高い視点から物事を見る力が生じてくる。

　また、他者や物事への理解も深まるため、本音（＝本質）が出やすくなり、結果、チームとしての団結力が高まってくる。さらに、経験から学ぶ力も高まるため、それは同時に異なる状況に対応しうる力、変化に対する対応力を養うことにもなる。このように、思考を固定することなく、チーム内に共通の見解をもたらすことで思考方法のトレーニングがおのずとなされるため、結果、自律的に考え行動する力が促進されていくのである。

（4）セッション（会議）と行動の繰り返し

　再び、問題解決を図る連続したセッションを行う中で、セッションで設定された行動を実践する。そして、セッションとセッションの間に解決のための行動を実施し、一歩ずつ問題解決に近づけていく。

　アクションラーニングは通常、複数回のセッションを行う場合、次の回が始まる前までに必ず行動することが前提となる。セッションとセッションの間は、一般的に2週間から約1か月間くらいあけ、次のセッションは行動の結果を受けて行うことになる。

●技法の活用例●

　「アクションラーニング」の活用の場面は、教育現場における課題解決から学校変革まで広範囲に展開される。その活用場面は、参加者（学生など）のコミュニケーション力のアップ、教育現場での問題解決、そして、学校組織そのものの変革であるが、現実の活用場面は多岐にわたっている。
・クラス内で、コミュニケーション力の養成に利用
・部活動において、自主運営をするために利用

・職員会議やPTAとの会合に利用

【クラス内や部活動での展開例】
参加者：科学部員5名　顧問教師（＝ALコーチ）
問題提示：科学部副部長「新入生歓迎用の部活動紹介の準備が進んでいない」
チームでの再定義問題：「科学部がだらしのないこと」
行動計画：①きちんと部活動のルールをつくる、②欠席の時は必ず連絡する、③日誌をつくる
＜その後の行動結果＞
　自分たちの問題に自ら気がついた部員たちは、自主的に規律をつくり、時間どおりに活動するようになった。科学部員の感想は「自分の意見が言えて楽しかった」（＝実際には質問をしていただけである）。その後、何回かALセッションを実施する中で、科学部が少しずつ組織的な活動ができるようになった。
＜効果＞
・チームがかかえている問題の解決が図られるようになる。
・自分たちで考え、実行することができるようになる。
・参加者（学生）が楽しんでコミュニケーション力を段階的に向上できる。
　アクションラーニング手法は、実際に上述のような場面や学校マネジメントの現場（職員会議など）で活用しており、「参加メンバーが傷つかない（ディベートなどと異なり、対立を生まない）」「参加者が楽しめる」「必ず成功する」「参加者の主体性を育成できる」「＜教師が見守る＞を実感、実践できる」「教師の意識改革への期待大」というような声が寄せられている。今後は、ALコーチの役割が教育現場で展開され、「教育アクションラーニング」の適応範囲がより広がり、多様な実践とそれをもとにした研究がより進むことになるだろう。

■参考文献
1　『〔実践〕アクションラーニング入門―問題解決と組織学習を同時に進める画期的手法』マイケルJ.マーコード著　清宮普美代・堀本麻由子訳　ダイヤモンド社
2　『アクションラーニング基礎講座　テキスト』（株）ラーニングデザインセンター著　NPO法人アクションラーニング協会（講座内テキスト）
3　『アクションラーニングコーチ養成講座　テキスト』（株）ラーニングデザインセンター　NPO法人アクションラーニング協会（講座内テキスト）

清宮普美代　日本アクションラーニング協会代表

意欲と能力を引き出し自立を支援する

対人メソッド

6. 教育コーチング

●技法の概要●

　1950年頃、アメリカのビジネス界において、スポーツの「コーチ」が選手に対してとるコミュニケーションの有効性が注目され始めた。W.Timothy Gallwayが著した『インナーゲーム』(1974 原題 The Inner Game of Tennis) により、その動きは一気に加速し、「ビジネスコーチング」が普及する。

　日本では、佐々木喜一が1986年から、経営する進学塾成基学園において独自に考案した「合格達成セミナー」を実施し、学力アップと人間力アップを両立するという教育成果をあげてきた。このノウハウとビジネスコーチングのエッセンスを柱に、小山英樹を中心とするグループが開発したのが「教育コーチング」である。

　「教育コーチング」は、「傾聴」「質問」「承認」によって意欲と能力を引き出し、自立を支援するコミュニケーション技法であるが、その技法を扱うコーチ（教育者）の「あり方」や「信念」を重視する。「アプリケーションではなく、OSである」と表現すれば、わかりやすいだろう。その概念は図表1の「4つのトライアングル」によって示される。

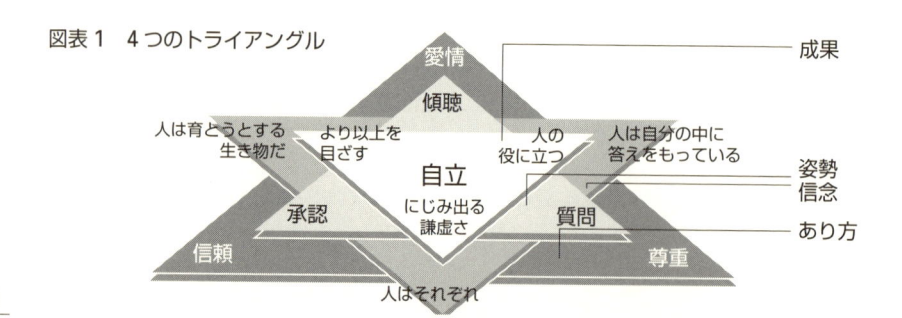

図表1　4つのトライアングル

●技法の特色●

「あり方」から「信念」が生まれ、その「信念」から「姿勢」が来る。「姿勢」が「信念」から来るものであってこそ、学習者の「自立」という「成果」を生み出すという考え方を徹底している。

「教育コーチング」の特色は、大きく次の5点になる。

(1)「教育」の「育」を重視する

「人は自分の中に答えをもっている」という信念に基づいて、「引き出す」ことを徹底して行う。「引き出す」行為は、「教育」の「育」に当たる。これに対して「与える」行為が「教」である。「育」により、学習者は自らの中に潜在する答えに気づき、その気づきに促されて行動を起こす。行動が自発的であるからこそ、定着度が高く、工夫や改善が伴う学習が実現し、それが継続するのである。

学習者の習熟段階に応じて、以下のような「教」と「育」のバランスで関わることを基本とする。

図表2　習熟段階別コーチングのタイプ

レベル4	レベル3	レベル2	レベル1	習熟段階
高	かなり	低～中	低	知識・技能
高	マチマチ	低	高	意欲

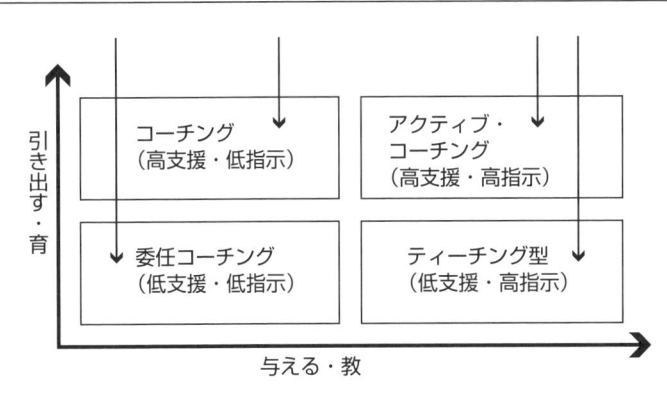

引き出す・育	コーチング (高支援・低指示)	アクティブ・ コーチング (高支援・高指示)
	委任コーチング (低支援・低指示)	ティーチング型 (低支援・高指示)

与える・教

(2)「個」を尊重する

　「人はそれぞれ」という信念が示すとおり、「教育コーチング」では学習者の「個」を尊重する。「個」を軽視して、教育者が自らの「判断」を受け取らせようとするところに、学習者の意欲喪失や創造力低下が生じるケースが多々あるからである。

　「個」を重視するコミュニケーションは、学習者の自己観察・自己管理・自己責任のセンスを養成する機会となり、自立につながるのである。

(3) 前向きなコミュニケーションを図る

　「人は育とうとする生き物だ」という信念をもって学習者に向き合うため、コミュニケーションは前向き、肯定的に図る。

　過去への「why？」よりも未来への「what?」を中心とした「質問」をし、判断を脇に置いて「傾聴」し、否定・非難せず「承認」する。

(4) 汎用性が高い

　「教育コーチング」は、学習指導のみならず、進路指導、習い事やスポーツの指導など広範囲に応用できる。また、幼児から高齢者まで支障なく対応する。このような汎用性の高さも特色の1つである。

　コーチングのクオリティが上がると、扱うテーマもダイナミックになり、目標達成のためのコーチングにとどまらず、生き方そのものをコーチすることも可能になる。

(5) セルフコーチングが身につく

　コーチングを繰り返し受けた学習者（クライアント）は、自分の中にコーチをもつようになる。自分が自分に質問を発し、それに答え、出てきた答えを傾聴し、自己承認する習慣が身につく。これがセルフコーチングである。セルフコーチングの能力とは、目標設定能力・自己管理能力・問題解決能力であり、生きる力そのものであると言える。

　つまり、コーチがいるから伸び、活躍できる選手を育てるのではなく、コーチがいなくても自ら伸び、活躍できる選手を育てるのである。

●技法の手順●

　「教育コーチング」は、授業の内外を問わず、さまざまな場面で応用可能であるが、ここでは面談形式のベーシックスタイル・セッションの基本手順を述べる。

【導入】
　コーチ（教育者）は、クライアント（学習者）に「安全な場」であることを伝える。つまり、どんな状態や発言も否定・非難しないし、その場で起こったことは口外しないことを約束するのである。
　次に、両者の位置や距離に違和感や抵抗感がないかクライアントに確認し、本題に入る。

【本番】
(1) ゴールを決める
　「コーチ（coach）」の語源は「馬車」、つまり大切な人を目的地まで送り届ける役割である。よって、コーチングには「ゴール」設定が必要である。クライアントはコーチのサポートを受けながら、まずはゴールを設定する。そして、そのゴールに向かって今日のセッションで何をしたいか、どこまで進みたいかを決める。
　コーチは、「ペーシング（姿勢、目線、表情、動作、声の大きさや高さ、話すスピードなどをクライアントに合わせる）」、「鏡の技術（クライアントの話を復唱する）」、「聞いたよ信号（うなずき、相づちなど）」などの技術を用いて会話を進める。

(2) 質問する
　コーチは、クライアントに対して質問する。質問が機能しない場合の多くが「聞き出してやろう」「こう答えさせよう」というコントロールが働いている。そのため、コーチはコントロールを手放し、クライアントに対する「興味・関心」をベースに質問する。
　クライアントが「詰問」を感じると、思考が働かなかったり、不快を感じて抵抗や逃避の姿勢が起こったりする。次のような基本に基づいて、受け入れやすい形で質問を投げる。
①「なぜ？」でなく「何？」を使う
　例：「なぜできなかったの？」→「できなかった原因は何？」
②前向きに質問する
　例：「どうして失敗したの？」→「何があれば成功する？」
　「このままでいいの？」→「どうなりたい？」
③開いた質問をする
　例：「この結果で満足？」→「この結果に対する満足度は何％？」
　また、クライアントが堂々巡りから抜け出し、目標を発見したり、意欲を高

めたりするためには、「心の核にアクセスする質問」が有効である。
例：「10年後、何をしていたい？」「勉強している時、君は何色？」「君の心が求めているものは何？」「恐れているのは何？」「合格したとしよう。入学式に臨んでどんな気分？」

(3) 傾聴する

クライアントは不安や悩み、課題、混乱の材料などをかかえている。それらを「放す」（手放す）ことで楽になり、安心する。そして、それらを「離す」（距離を置く）ことで客観視・整理・選択できる。行動を起こすには、この「放す」「離す」が必要である。それは、「話す」ことによって実現する。そのため、コーチは「傾聴」するのである。

「放す」「離す」を実現するための「傾聴の3要素」が、次の3点である。

①集中する
　コーチの中で「自己話」（内なる会話）が起こらない状態。起こっても脇に置いておける状態を言う。

②判断を脇に置く
　コーチの判断はコントロールにつながりやすい。判断は脇に置く。

③沈黙を大切にする
　沈黙はクライアントの選択であり、その瞬間「考える」「感じる」ことをしている可能性が高い。沈黙を大切にし、もしもそれ以上待つことが効果的でないなら、「沈黙して5分だね」「あと3分で時間切れなんだ」と事実を伝え、「今、何が起こっている？」「どうしたい？」などと質問する。

(4) 承認する

事実をキャッチし、事実をフィードバックするのが承認の基本である。「70点も取ったね」「70点しか取れなかったね」は判断、解釈、評価であり、「70点取ったね」は事実のフィードバックである。「えらいね」「がんばったね」などのほめも判断、解釈、評価である。コーチは「うれしい」「感心した」「感動した」という自分の中に起こっている事実、つまり感情を伝える。（「Iのほめ」と言う）

【クロージング】
　以上述べてきたようなコミュニケーションを図った後、コーチは「愛のブリッジ」を架ける。ある期間の行動について、開始から完了までトータルに支援

する合意を得るのである。

　気分を聞き、セッションで出てきた内容の確認や、今後の行動計画を聞く。次回のセッションをいつするか、それまでにコーチとどういうコミュニケーションを望むかについて合意する。その合意に沿った支援をしていく約束を伝え、承認し、終了する。

●技法の活用例●

① ベーシックスタイル・セッションを1週間または2週間ごとに1回20～40分程度で行うのが基本である。コーチングを受け慣れない学習者の場合は「次回の定期テストに向けて」「苦手教科を克服する」「文化祭のクラス発表を成功させるために」といった、短いスパンのテーマを扱うことから始めたい。
② 電話でセッションという方法がある。進め方は同様。
③ グループコーチングという方法がある。3～6名のグループをコーチする。参加者相互のコーチングを交えるのも効果的である。
④ 教科授業の中でもコーチングの諸技術を使用できる。Iのほめや、「その答えはどこから出てきた？」「何があれば正解できる？」などの質問を多用することから始め、「教えない授業」やダイナミックな「グループ学習」に展開することも可能である。
⑤ ワークシート・セッション、つまり質問に対する答えをシートに書く形式のセッションである。大人数であっても対応できる。
⑥ 保護者面談をコーチングスタイルで行うのも効果的である。
⑦ 強固な「愛情」「信頼」「尊重」と高度な技術を要するが、「体感型コーチング」という手法を用いて、熱く、ダイナミックにクライアントにかかわり、クライアントの本質的な深い部分から気づきを引き出すこともできる。「人生が変わった」とクライアントが表現するようなコーチングは、このスタイルの成果であることが多い。

■参考文献
1『子どもを伸ばす5つの法則』小山英樹著　PHP研究所

小山英樹　　日本青少年育成協会主席研究員

道徳教育で子どもたちに心育を行う

対人メソッド

7. ソーシャル・スキルデベロップメント

●技法の概要●

　生活時間の加速化、社会の複雑化、そして激動の時代において、人々は「目標設定」がしにくい状態にある。また、家庭教育の場で、学校教育の場で、地域社会の場面で、カウンセリングマインドとソーシャル・スキルデベロップメント（Social Skill Development：社会技能開発）の必要性が求められている。

　「ソーシャル・スキルデベロップメント」とは、家庭教育における「躾（しつけ）」や、親とか目上の方たちから「すり込まれるもの」とは違い、心からの「感謝」「感動」から生じるものを開発する技能である。つまり、人間学、人間関係論を基盤として展開していくものと確信している。

　そして、この「ソーシャル・スキルデベロップメント」を修得し、家庭教育、学校教育、地域社会教育のそれぞれの領域の場で三位一体となって働きかけ、実施することが、教育再生としての人材の育成・養成の一助になることは明白である。

　「ソーシャル・スキルデベロップメント」のプログラムの内容としては、ライフ・スキルの修得のカリキュラムとして、以下の3つに分かれている。

(1) スキル
①自己管理能力の修得　　　②問題解決能力と意思決定
③コミュニケーション能力

(2) 態度と価値観
①自分自身に関して　　　②他者に対して
③努力

(3) 知識内容
①自己と健康　　　　　②リレーションシップ
③学校／地域

●技法の特色●
　「ソーシャル・スキルデベロップメント」のスキルは、具体的には以下の3つの柱から構成されている。

(1)「スキル（Skill＝技術・技能）」の習得
　スキルは「ライフ・スキル」と、わかりやすく総称することもある。「スキル」も大別すると、次の3つに分けることができる。
①「自己を統制、管理するスキル」
　自分の感情のコントロールやストレスの回避などがこれに当たる。
②「問題解決や意思決定のスキル」
③「コミュニケーションのスキル」
　相手からはメッセージを受け取り、また相手にいかにメッセージを伝えるかという技術で、「フェイス・エクスプレッション」もこうしたスキルの一部である。

(2)「態度と価値観」の育成
　自己や他人を尊重する気持ち、責任感や誠実さ、勤勉や向上心など、日本の道徳教育に近い内容で、モラルの徳目といった精神面に重きを置く。「健全な心の育成」と言える。アメリカでも、かつては道徳教育と言えばこの部分がほとんどで「キャラクターエデュケーション（Character Education）」と呼ばれている。

(3)「コンテント（Content＝中身・内容）」の習得
　アルコールやドラッグを防止する教育や、エイズ教育などがこれに当たる。また、停学や退学防止のためのカリキュラムや、異文化を理解するカリキュラムなどが含まれている。これは、正しい知識・正確な情報の修得がプログラムの主な内容となる。

これらの3つの柱は相互補完的に機能し合っており、どれ1つ欠けても全体のプログラムは機能しない。したがって、「スキルの修得」だけでも「健全な心の育成」だけでも「知識の習得」だけでも、真の意味での道徳教育は成り立たないと考えられる。

　子どもの健全な育成、とりわけモラルや社会道徳を教える上で、親の関与は最も重要である。学校が親の代用になれるとは思わない。しかし、経済的困窮や家庭の崩壊に果たして正しく関与することができるだろうか。また、ライフスタイルの変貌は多くの共働き夫婦を生み出し、結果、親子が一緒に過ごせる時間も減っている。さらに、社会全体が拡大・加速化を続ける中で、かつての子どもたちにさまざまな指針を与えていた教会や隣近所など、コミュニティの存在さえ希薄になっている。道徳教育で子どもたちに「ライフ・スキル」をたたき込まなければ、授業が成立しない。まさに学級崩壊である。もはや学校が最後の砦となって、道徳面でも子どもたちを支えていかなければならないのが現状である。

●技法の手順●

【事前準備】

　ソーシャル・スキルデベロップメントプログラムを展開する際には、予備調査を行う。ソーシャル・スキルデベロップメントプログラムを受講することによって生徒・子どもたちは社会適応能力をより理解し、反社会的な価値から遠ざかることを確信する。(調査概要はCommittee for Children Client Support Serviceを参照)

【本番】

　小学生用のソーシャル・スキルデベロップメントプログラムでは、小学1～3年、小学4～6年、中学生・高校生の3レッスンごとに教材がある。それぞれの形式は写真を使い、先生は写真を子ども・生徒に見せて、指示どおりレッスンを進めていく。レッスンの進め方には、ディスカッションや先生の模範演技、ロールプレイを含む。中学生・高校生のレッスンは、3つのレベルに分かれる。レベル①は基礎レッスンで、レベル②と③は技術を身につけるレッスンである。各レベルは、ディスカッションのレッスン、スライド、宿題用紙、ビデオが入っている。レベル③のレッスンは生徒・子どもに理解をさせて、数年にわたる訓練で社会的な技能・技術を身につけさせる。

【終了後】

　ソーシャル・スキルデベロップメントプログラムを実践した後、小学生、中学生の攻撃性や社会的行動はどう変化するのかについて、アメリカでは病気絶滅・予防センターの助成により、1年間の調査・研究を行った。その結果、ソーシャル・スキルデブロップメントプログラムを学んだ子ども・生徒たちは、行動面や言語面で攻撃性が減少したことが判明した。さらに、これらの子ども・生徒たちは、より良き人間関係をもつようになった。他方で、ソーシャル・スキルデベロップメントプログラムを受けていない子どもたちは、時がたつにつれて、行動面や言語面の攻撃性はいっそう強くなり、社会的行動にも進歩が見られなかった。

●技法の活用例●

　「ソーシャル・スキルデベロップメント」とは、子どもたちが暴力を犯さないようにする、暴力防止のカリキュラムの1つでもある。そのポイントは、子どもたちの普段の何気ない態度や行動を考えること（行動変容）によって暴力の発生を防ぐことにある。このカリキュラムは、子どもに衝動的・攻撃的行動を少なくする技能・技術を教え、子どもたちの社会への適応能力を高める。子どもたちのソーシャル・スキルを発達させ、暴力を減少させるためには、全面的な取り組みが必要となり、その際、この学校や家庭で行う「ソーシャル・スキルデベロップメント」の内容は、極めて重要な位置を占める。

　最近の研究によれば、暴力や攻撃的行動をとりがちな人々は、ソーシャル・スキルが欠けていることがわかってきた。ソーシャル・スキルとは、共感、衝動コントロール、問題解決の仕方、怒りの扱い方である。さらに研究でわかったことは、子どもたちが非社会的行動をとる理由としては、模範の欠如、行動訓練をする機会の欠如、不適切な修得などがあげられる。このような研究の成果に基づいて、「ソーシャル・スキルデベロップメント」は、全学年で共感、衝動コントロール、怒りの扱い方を通して、模倣、訓練、修得の技能・技術を教えることを目的としている。レッスンの内容は、学年によって変え、ポイントになる実践術は子どもの成長に応じて、適切なものを選んでいく。そして、人々の心からの「感謝」「感動」「共感的理解」から生じる、向上心をもつ意欲・感情を抑制する能力・協調性を開発し、自発的に目的をもち行動する能力を身につける。

【具体的な実用例】
　家庭教育の低下、少年犯罪の頻発、引きこもりやニートの増加などが問題になっている昨今では、子どもたちを自発的に向上心をもち、感情を上手にコントロールし、協調性をもって行動できる人間に育てることが大きな課題になっている。
　残念ながら日本では、これらを教える制度が整っていないのが現状である。この問題を解決するために、次のようなソーシャル・スキルデベロップメントプログラムがある。それは、子どもの心育を指導するプロの教育者育成カリキュラムになっている。私はこのプログラムの実践に当たって、多くの人々と共に、これからの日本を担う子どもたちの心育・育成について考えていきたいと思っている。

（1）共感的な理解の訓練
　子ども・生徒は相手の気持ちをどのように判断し、予想するかを学び、適切で情緒的な対応をする訓練を受ける。
＜共感的な理解の訓練の主な課題例＞
①小学1〜3年生：「人の気持ちは変わる」「私は心配している」
②小学4〜6年生：「同じと違い」「気持ちの通わせ方」
③中学生　　　：「人の考え方を知る」「違いを受け入れる」
④高校生　　　：「レッテルをはることや固定概念を減らす」
　　　　　　　　「気持ちを伝えて相手の言うことを聴く」

（2）衝動的コントロールの訓練
　子ども・生徒は問題の解決方法と効果的な気持ちの伝え方を学び、これらの技能・技術を具体的な社会行動に適応させる訓練を受ける。
＜衝動的コントロールの訓練の主な課題例＞
①小学1〜3年生：「落ち着いて、止まって考える」
　　　　　　　　「順番にする」
②小学4〜6年生：「問題がわかる」
　　　　　　　　「適当なときに仲間入りをする」
③中学生　　　：「解決策を選ぶ」
　　　　　　　　「カンニングをしないようにする」
④高校生　　　：「いじめの扱い方」「仲間の押しつけの扱い方」

(3) 怒りの扱い方の訓練

子ども・生徒は緊張のやわらげ方を学び、暴力行為を避けるために怒りの関心をそらす訓練を受ける。

＜怒りの扱い方の訓練の主な課題例＞
① 小学1～3年生：「私は怒っているか？」「悪口の扱い方」
② 小学4～6年生：「怒りのきっかけ」「独り言」
　　　　　　　　「一人ぼっちの扱い方」
③ 中学生　　　：「気持ちを落ち着ける」「咎めの扱い方」
④ 高校生　　　：「怒りの構造」「怒りのやわらげ方」

ニューヘイブン・ソーシャル・デベロップメント・プログラム
ライフスキル修得カリキュラム
New Haven Public Schools Social Development Department

1. スキル

自己管理能力取得
- 自己監視能力
- 自己抑制能力
- ストレスマネージメント
- 持続性
- 適正性
- 衝動的感情の抑制能力
- 積極的な自己評価

問題解決能力と意思決定
- 問題認識力
- 自己の感情の掌握
- バランスある見方、考え方
- 現実的で適応可能な目標設定
- 代替的な解決法の見つけ方
- 起こりうる結果に対しての洞察力
- 意志決定能力
- 計画性

コミュニケーション能力
- 言葉以外のコミュニケーションに関しての理解
- メッセージの送り方
- メッセージの受けとり方
- 状況に応じてのコミュニケーションの選択

2. 態度と価値観

自分自身に対して
- 自分でもできるという自信の持ち方
- 正直さ、誠実さ
- 責任感
- 上昇志向
- 自己を受け入れるとは

他者に対して
- 友人、家族、地域社会の重要性の認識
- 個人個人の違いを受け入れる
- 他者の尊厳に対する敬意
- 他者に対する配慮、同情
- 他者との協調
- 他者との問題への積極的な解決姿勢
- 他者に尽くすとは

努力
- 努力する姿勢
- 実生活での問題を解決していく姿勢
- 勉強面での問題を解決していく姿勢
- 勉強する意味の認識、理解
- 公共物に対する敬意

3. コンテント（知識、内容）

自己と健康
- アルコール、ドラッグ教育
- エイズ教育
- 十代の妊娠予防
- 栄養学
- 運動学
- 衛生学
- 自己防衛
- 余暇の過ごし方

リレーションシップ
- リレーションシップに対する理解
- 多国籍文化に対する理解
- 友情の育み方
- 他人種の仲間との友情形式
- 家族に対する理解
- 兄弟との関係
- 両親との関係
- ケンカや暴力からの身の守り方
- 人生の師との出会い

学校／地域
- 登校拒否やドロップアウトにならないために
- グループ活動への参加意義
- 学業の現実的な目標設定
- 勉強の習慣を身につける
- 地域社会への積極的な参加
- 職業キャリアの身に付け方

■参考文献
1 『学校で殺される子どもたち・アメリカの教育改革レポート』田中克佳著　中央公論新社
2 『New Haven Public Schools Social Development Department』Ms.Karol Defalc
3 『The Effectiveness of a Violence Prevention among Children in elementary school』
　 Journal of American Medical Association, May 28,1997.

登村勝也　J.トムラカウンセリングスクールJPN 代表

4

相談メソッド

相手「について」ではなく、相手「を」知る

相談メソッド

1. 相談面接法

●技法の概要●

「相談面接法」という教育指導法上の固有名詞があるわけではない。ここでは、カウンセリングあるいは教育相談、学校教育との関係で言えば、スクールカウンセリングあるいは学校教育相談という対人的（生徒・保護者・同僚教師など）援助活動を効果的に行うために基本的に重要な態度や理論、実践上のコツを指している。細かく分類すればいくつもの論点が出てくるが、ここで焦点化するのは人と人の関わり合い・出合い（これを「相談面接」と呼ぶ）である。

全国の教育センターや各地で行われている教育相談研修会（名称はさまざまである）では、その中心の1つに相談面接の理論や実習、トレーニング（たとえばロールプレイング）などを入れているが、私の見るところ、参加教師などはその場では理解し、実際にできそうだと思っても、学校現場に戻ると、どうしていいかわからなくなって自己流の模索が始まるのではないかと思われる。このことは必ずしも悪いことではないが、問題なのはこの先どうするかである。

なぜこうなるのか、いくつもの理由が考えられるが、総括的に言えば相談面接（研修会でその実態を体験しうる）が相談面接「法」（体験した枠組みやプロセスを自覚し、日々の実践の中で検証し、再現・実現できる）として構成されていないからだと思える。

そこで、小林純一氏の開発したMLT（新マイクロ・ラバラトリー・トレーニング）に基づき、1つの相談面接「法」を抽出してみたい（参考文献1）。各自これを批判的に検討していただき、ご自分の相談面接「法」を編み出すヒントにしていただければ幸いである。

●技法の特色●

「相談面接法」の特色（強調点）は、相手「について」知ることではなく、相手「を」知ることを、相談面接の焦点にすることである。

相手「について」知ることは、それほどむずかしいことではない。さまざまな機会をとらえて直接観察し、あるいは間接的に相手「について」の情報を組織的に集めればいい。さらに、ライ・スケール（虚構性尺度）を含んだ各種心理テストもある。

問題なのは、こうして集めた相手「について」の情報（要素）をどのように総合・統合するかである。もしこのことが可能であるとすれば、相談面接の相手であるその特定の人は、重みづけをもつかもしれないが、各要素に分解（分析）できるということになる。

ただこうなると、「科学的」で確かに当の相手はそうかもしれないが、何か全体として今一スッキリこないという印象をぬぐいきれないのではないだろうか。相談面接の相手の何を知りたいのか、相手の何を知ることが、相手を効果的に援助することにつながるのか。ここから、現象学的な相手理解の方法（相手「を」知る方法＝相談面接法）が出てくる。

大切なのは、①今、ここにいる当のその相手を知ることであり、②その相手が「ああ、この人は（少なくとも）今の自分のことを本当にわかってくれている」と確証し、③そこから相互的な信頼関係が今、ここに現前し、④こうした人間的な"かかわり"を基点・出発点にして、さらにいっそう相互に知り合う関係を築き上げることである。こうしたプロセスが成立してこそ、創造的な援助関係が展開する。

●技法の手順●

「相談面接法」を効果的に実践するためには（参考文献2）、次の3つのことが漸次的かつ重畳的に必要である。
ⓐ相談面接法を知る。
ⓑ相談面接法を自分のものとしてわかる。
ⓒ相談面接法を実現できる。

まず、相談面接法をきちんと知らなければならないが、一般的な知識では、

現実場面で活性化しにくい。だから、それを自分に引きつけて取り込んでおくことが大切である。これで実践への準備体制（真にわかっている状態）は整った。

　だが、理解しているからといって、それが現実に実行できるかどうかわからない。たとえば「受容」「共感的理解」などという言葉（概念のみならず自分なりの把握）はわかっていても、現実に「受容」し、「共感的理解」ができるかどうかは、不確かである。

　実践としての「相談面接法」は、前頁のⓒを最終目的とするものにもかかわらず、ⓑに終始したり、あるいは、理屈よりも、とにかくできればいいということでⓐとⓑ、ⓒを切り離してしまう場合が多いようである。前者にあっては文字どおり空虚であり、後者にあっては今後の方向性（どのようなことに注意していけばいいのか）が出てこないのである。

　そこで、この3つを統合した体験的なトレーニング方式として、私は、上智大学カウンセリング研究所専門カウンセラー養成課程で小林純一教授から実際に訓練を受けたMLT（新マイクロ・ラバラトリー・トレーニング）にその原型を見出している。

　まず準備として、効果的な相談面接に関する知識（前頁のⓐ、ⓑ）が必要である。人間学的・実存的アプローチをよしとする私にとっては、それは次のように要約できるし、また、以下のことは多くの立場・流派に共通していることだと思う。

①今、ここでの人間的な（心理的な）かかわり合いやふれあいを通して相互にわかりあうプロセス（理解）の生じる相談面接こそ、その人の人格的発達や人間的成長に役立つのである。

②そのために相手とのかかわりにおいて、相手の話している主題（内容）と、相手が話をしながら、今、どんな気持ち（感情）なのかをわかろうとし、わかったことを適時適切に相手に伝え返すことが大切である。

③さらに今、2人のかかわりの中で何が起きているのかを的確に把握する必要がある（自分・かかわりのモニタリング）。

　これではあまりにも抽象的過ぎるので、もう少し具体的な内容や基準を設定する必要がある。効果的な相談面接を実現するためには以下のようなことに注意を集中したらいい。

④相手は、今、ここで何を話しているか、万遍なく注意を振り向けて聞く。その際、心理的な事実（その人には今そうとしか見えないし、思えないこと）にも注意する必要がある。また特に、内的（その人固有の体験的な世界）・対人的（その

人にとって大事な人たち)・**環境的**（その他、周囲の出来事や事実）な世界の区別やその**時制**（過去・現在・未来）に敏感になるといい。
⑤そのとき、相手はどんな気持ち（感情）を経験しているか、感得するように努める。非言語的な表現（声ひとつにしても、抑揚・音色・速度・制御・強度・高さ・幅などがある）にも留意するとよい。
⑥相手とこの自分の2人で、実際につくっているこのかかわりの世界で、何が現実に起きているのかを把握する。自分が意図したことが、実際のかかわりの中で実現できているかどうかを常にチェックする。また、そのことは、相手や自分にとってどんな意味や価値があるのかを考える。
⑦自分のしたいこと（言うこと）を明確にし、それが相手にとって、どんな意味をもつことになるかに留意して、実際にやってみる（言ってみる）。当面は聞く・聴くことでよいが、この場合には相手が「聴いてもらっている（わかってもらえている）」と感じてはじめて、自分が「聴いている」ことになるのだということに注意したい。

●**技法の活用例**●

「相談面接法」を「先生、私、学校に行きたくないんです」と訴える生徒の相談面接に活用してみる（参考文献3）。

(1) 時制の問題

これは、この子どもが今この場で、この私と話しているこの時のことかどうかということである。こうした思いが今、心の中で漂っているだけなのか、それも継続的（いつも）か、断続的（時々）か、浮遊的（水泡のようにポカッと出てくるか）なのか。あるいは昨夜いろいろ考えて思ったことなのか。また、将来に向けて決心したことなのか。ここがハッキリしなければ、教師として応えようがない。この場合に、実際に言うか言わないかはその時の判断によるが、「今は（残念ながら）学校に行きたくないんだ」あるいは「学校に行きたくなくなることもあるんだ」、「学校に行かないと（追いつめられて）決めてしまったんだ」という3つの違った応答が思いつく。

(2) 環境的な状況・人間関係・内的世界の問題

「学校に行きたくない」という表現は嫌いな教科や給食、高温多湿な教室な

どを意味するのか（環境的なその他周囲の出来事や事実）。

　あるいは、大事な友人や部活仲間、いじめっ子などのかかわり（対人的なその人にとって大事な人たちに関することで、これらは必ずしも肯定的で積極的なことばかりとは限らない）なのか。

　そうでなければ、自分自身の中にある無意味さや不安、焦燥感など（内的なその人固有の体験的な世界）なのか。

　教師は、子どもとの面接からこの３つの世界を可能な限り区分けし、「中核─周辺」に構造的な位置づけをする必要がある。こうして「その子ども自身をわかること」と「その子ども自身についてわかるについてわかること」の違いに敏感になることができるのである。

(3) 関与の深さの問題

　「学校に行きたくない」というのは、そういう考えもあると言っているのか、あるいは表面的な感情・気持ちを言っているのか、またはせっぱ詰まった内面的な思い・叫びなのか。これらは、表現された内容の「深さ」を問題にするものである。教師がこの深さの感覚に欠けるとき、事態は深刻になりかねない。自殺や家出、中退などの緊急性がつかめないだけでなく、その子どもがちらっと瞬間的に思いついて偶然言った「進路（希望や夢も含む）」に向けて強力にミスリードして、挙げ句の果てに「あの時そう言ったじゃないか」、と「自己責任」を問うことにもつながっていくのである。言ったのは事実であるが、子どもたち自身の真実（重みと価値づけ）をとらえ損なっているのだ。たとえば、ここに「自分探し」の思わぬ危険性があると思うが、いかがだろうか。

　したがって、教師が子どもたちとの相談面接から聴かなくてはならないことは、子どもたち自身が語っている「時制」であり、そして子どもたち自身が生きている「世界」であり、そしてその世界に対する子どもたち自身の「関与の深さ」である。ここから、子どもたちを真実に即してわかろうとすることが大切なことである。

　さらに、子どもが「先生、私、学校に行きたくないんです」と言ってきたら、「今、ここで、何をしているのか、何をしようとしているのか、何をするつもりなのか」を問わない限り、その子をわかったことにはならない。しかも、こうしたいという意図に即した的確な行為を考えきれず、その自分が思った行為すら実現できずに、それとは違った行為をしてしまっいる可能性もあり得るの

である。だからこそ、その子の本来の意図（選択した意味・価値・目的）、つまりこう言って本来は何をするつもりなのか（何をしたいのか）を正面から取り上げ、テーマ化すべきなのである。

●おわりに●

最後に学校教育現場でこの技法が持つ意義や意味・価値についてふれる。

平成7年度から始まった文部省（当時）の「スクールカウンセラー活用調査研究委託」事業は、「臨床心理士など児童生徒の臨床心理に関して高度に専門的な知識・経験を有する外部の専門家を学校に配置し、児童生徒へのカウンセリングや保護者、教員等に対する助言等を行う」ものとして高く評価するむきもあるが（参考文献4）、従来から教諭・養護教諭を中心に行われてきた学校現場での教育相談活動（学校教育相談）と必ずしも整合的なものではなかったため、様々な課題を残すものとなった。学校教育相談の中核を臨床心理の専門性と見なすことになれば、その担当者は臨床心理の専門家になるべく方向づけられるし、非専門家と自認する学級担任等にはスクールカウンセラーへの「丸投げ」を正当化する「根拠」を与えることになる。事実、全国の学校ではこうしたケースが少なからず見られたようである。

教師として大切なことは、児童生徒との信頼関係を土台に組織的・継続的な教育活動を展開することであるし、また支援や解決が困難な事例については外部専門機関等の連携や協働を模索すべきである。この際にも教育の専門家としての教師は心理や福祉、矯正等の専門家との関係で対等な職責を全うすることになる。ここでテーマ化した「相談面接法」は教師としてのこうした職責の基礎となるものである。

■参考文献
1 『カウンセリング序説―人間学的・実存的アプローチの一試み』小林純一著　金子書房
2 『学校教育相談―具体化の試み』大野精一著　ほんの森出版
3 『何をどう聴いてみるか(1)　連載・学校教育相談の実践を読み解く―体系化に向けて』（月刊学校教育相談2003年11月号）大野精一著　ほんの森出版
4 『中等教育資料平成13年8月号臨時増刊』文部科学省編集　大日本図書

大野精一　日本教育大学院大学教授

教師と生徒の関係性をつかむ

相談メソッド

2. 交流分析法

●技法の概要●

　交流分析（通称 TA:Transactional Analysis）は、アメリカの心理学者エリック・バーンによって40年ほど前にアメリカで始められた心理療法である。

　精神分析の難解な用語や考え方のエッセンスを、日常会話的な親しみやすい言葉で説き明かしたことから、「精神分析の口語版」とも言われている。また、交流分析は、その名のとおり、人と人との交流（コミュニケーション）の理解に主眼をおき、適切なコミュニケーションがとれるように援助することを目的としている。

●技法の特色●

　日常、私たちが誰かを理解するとき、その相手との関係性の中で理解する。基本的に、私たちは、自分をも含めた人間との関係の中で、相手を理解し、相手から理解されるのである。「交流分析法」は、こうした人と人との関係性を理解して対応を考える上で、有効な理論・技法である。

　「交流分析法」では、人にはみな、心の中に「親の自分 (Ⓟ: Parent)」、「大人の自分 (Ⓐ: Adult)」、「子どもの自分 (Ⓒ: Child)」といった3つの心の働きがあると考え、これらを自我状態と呼ぶ。この自我状態の考え方を基礎として、交流分析の技法には、次の4種類がある。

●技法の手順●

(1) 構造分析（自我状態の理解）

　Ⓟは幼いときに親から教えられた態度や行動の部分、Ⓐは事実に基づいて物事を判断しようとする理性の部分、Ⓒは子どもの状態のように本能や感情その

ままの部分である。また、⑫は厳しく批判的な CP（Critical Parent）の部分と養育的で他者に肯定的な NP（Nurturing Parent）の部分に分けられ、ⓒは生まれたままの自分に近い自由な FC（Free Child）の部分と周囲に順応した AC（Adapted Child）の部分というように分けられる。

こうした5つの自我状態について、その内容や相互の関係について分析し、「今、ここ」でのその人のありようと関連づけて検討していくことを、「構造分析」と言う。学校現場でもよく用いられるエゴグラムという心理テストは、5つの自我状態をグラフに表して、心のエネルギーの状態が視覚的に把握できるようにしたものである。

(2) 交流パターン分析（対人関係におけるコミュニケーションの理解）

交流分析では、人は、コミュニケーションの際、⑫、Ⓐ、ⓒのいずれかに主導権を与えて、相手にメッセージを送ると考える。この⑫、Ⓐ、ⓒを用いて、私たちが日常の生活の中で互いに取り交わしている言葉や態度、行動などをベクトルで図にすることによって分析することを、「交流パターン分析」と言う。

図表1のように、交流パターンには、コミュニケーションがスムーズに進む「平行交流」、予想外の反応のため交流が交差したりすれ違ったりする「交差交流」、表に表れている交流の一方で潜在的に交流が行われる「裏面交流」の3つのパターンがある。

また、交流パターン分析においては、ベクトルが平行していれば交流はとだえることなく続き、ベクトルが交差していれば交流はとだえると考える。つまり、適切な交流を続けたい場合には、交流のベクトルを平行な状態に保ち、不適切な交流を打ち切りたい場合には交流のベクトルを交差させればよいのである。

このように、コミュニケーションを図式化することで、自分自身のコミュニケーションのパターンや問題についての気づきを促すことができるだけでなく、それをもとに今後の課題を検討していくことができる。

(3) ゲーム分析（こじれる対人関係の理解と対応）

自分なりに努力しても、こじれる人間関係が繰り返される場合、よくよく考

えてみると、そうした人間関係には一定のパターンが見出されることがある。交流分析では、このように、同じパターンで繰り返される人間関係のトラブルを「ゲーム」と呼ぶ。

交流分析では、ある人が他の存在を認めて、その認めたということをその人間に通知する行動を「ストローク」という。「ストローク」には、やさしくなでる、ほほえむ、ほめる、励ますなどといった「プラスのストローク」と、にらみつける、叱る、ダメだと決めつける、黙っていやな目つきをするなどといった「マイナスのストローク」がある。

「ストローク」は、その人がそこに存在することを認めるものであり、「ストローク」をもらうことによって人は自分の存在感を確認することができる。その点、すべての人間にとって、健康な生活をするために必要不可欠なものと言える。

そのため、ストロークが不足すると、私たちの心の中には飲食物が不足したときのような飢餓感が生じる。「ゲーム」は、こうした「ストロークの飢餓」に耐えられず、「何もないよりはまし」という気持ちから「マイナスのストローク」を求めて始まるのである。

(4) 脚本分析（人生の脚本への気づきとそこからの脱却）

脚本とは、人生の早期に、親の影響の下で自分が作成し、その後の経験によって強化され、現在も進行中のシナリオである。これが個人の人生の重要な局面において、どのように行動するべきかを決定していく。

たとえば、一生懸命やっているのに最後のちょっとしたミスから失敗することを繰り返す人、完璧にやらないと気がすまずにちょっとした失敗から落ち込んでしまう人など、まるで演劇の脚本があって、そのとおりに場面が進んでいるように感じられることがある。こうした人生の「脚本」を見直し、自律的な生き方を目ざそうとするのが「脚本分析」である。

● 技法の活用例 ●

以下に3つの活用例をあげる。

(1) 生徒理解・事例検討・校内研修会に生かす

理解しようとする教師の内面と切り離して、生徒の内面を、まったく客観的

に理解することはできない。その点、生徒理解とは、理解しようとする教師の自分と、理解の対象となる相手の生徒との関係性についての理解である。そこで、まず、自分がどのような自我状態のパターンをもっているか、自分の構造分析を行った上で相手の構造分析を行う。自分への気づきの経験を通して、相手のあり方に気づくことができるのである。

　相手と自分との関係性の中で相手を理解するという理解のあり方について、交流分析の交流パターン分析の考え方は、生徒理解を考える上で多くの示唆を与えてくれる。交流パターン分析の目的は、まず自分自身のあり方について理解を深め、それと並行して、自分が他人にどう対応しているか、他人は自分にどうかかわってくるかについて観察する方法を学ぶことにある。これによって、自分の対人関係のあり方を、そのとき、その場の状況に応じて、今までよりも意識的にコントロールできるようになる。

　また、生徒同士の間で、あるいは教師が生徒や保護者と対応する場面でトラブルが繰り返されている場合は、「ゲーム」の存在を検討する。

　たとえば、学校においては、図表2のように、教師が生徒に対して「こうしたらどうか」と助言を与えると、生徒は教師の話は聞くものの、その1つ1つの助言に対して、「はい、でも……」と反論して、どれも実行に移そうとはしないことが時々ある。こんな場合、教師は親身になって生徒の役に立とうとするが、生徒は最後まで感謝の意を表さない。表面上は助言に対する応答という、教師のⒶと生徒のⒶの交流だが、結果的には両者は不快な感じをいだいて交流が終わる。

　こうした教師のかかわりを、交流分析では、『あなたを何とかしたいと思っているだけなんだ』のゲームと言う。教師の方は、相手を一生懸命援助しようとするが、その裏には図表2の②のように、優者が劣者を助けるのは当然との思い（CP）がある。それが生徒のACを刺激して、相手から素直に受け入れられないのである。

　また、生徒の側に焦点を当てて考えると、こうした交流は『はい、でも』のゲームと言う。交流の裏には、教師のCPからのアプローチは決して受け入れまいとする生徒の固い意志表示が潜んでいる。そのため、③の結末では、お互いがお互いを批判し合う平行交流が続くことになる。そうしたからくりに気づいたら、Ⓐの部分を意識して、相手の否定的なストロークに反応せず、不毛な平行交流を断つことが必要になる。

このように、人間関係がこじれがちなときは、構造分析と交流パターン分析、ゲーム分析を用いて、人間関係のこじれの仕組みをつかみ、対応の仕方を検討していくことができる。

(2) 生徒との面談やかかわりに生かす

生徒との面談や日常のかかわりは、エゴグラムを導入として用いる。

エゴグラムは、その人の自我状態をグラフとして視覚化しているために、生徒がどの部分を変えていきたいのかを明らかにすることができるし、グラフをもとにして具体的な行動課題も検討しやすくなる。

また、エゴグラムの質問項目のほとんどが、「子どもや目下の人をかわいがります」といった、外から観察可能な言動に焦点が当てられている。その点、直接エゴグラムを用いることができない場合も、生徒の話を聴いたり日常の言動を観察したりする中で、そのエゴグラムパターンを頭の中でイメージし、そのイメージをもとにして、具体的な対応を考えていくことも可能である。

たとえば、日常の言動観察から AC が高いと思われる生徒に対しては、教師が CP からメッセージを発すると、よけいに緊張したり、すねたりするようになる。そういう場合には、NP の部分を発揮するようにして生徒の FC の部分に働きかけるよう心がけると、生徒は緊張をやわらげてリラックスすることができる。まずは、教師が自分のⒶの部分を発揮するよう意識すると、人間関係の混乱を落ち着けることができる。

(3) ロングホームなどの授業に生かす

学校における教育相談は、専門の相談機関とは違って、問題をかかえた生徒を対象とした「治す」面だけでなく、すべての生徒を対象とした「育てる」面へのアプローチが求められてくる。すべての生徒の発達を支援していくためには、「問題」をかかえた生徒に対する個別指導だけでなく、クラスなどの集団を対象としたアプローチが必要となる。

その点、交流分析の構造分析や交流パターン分析の理論や技法は、資料化しやすく、また、主として認知や行動を扱うので生徒の心理的抵抗を招きにくく、生徒集団を対象とした授業に活用しやすい。

図表1　3つの交流パターン

①平行交流

「この問題はどう解くんですか」

Ⓟ ―――――― Ⓟ
Ⓐ ←―――――→ Ⓐ
Ⓒ 　　　　　　 Ⓒ

「こう解くんだよ」

②交差交流

「お前の態度はいったい何だ?!」

Ⓟ ＼　　／ Ⓟ
Ⓐ 　✕ 　Ⓐ
Ⓒ ／　　＼ Ⓒ

「大きなお世話だ」

③裏面交流

「この問題は難しいよね
（お前にできるはずがない）」

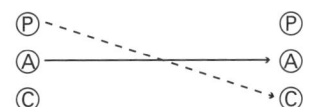

Ⓟ- - - - - - Ⓟ
Ⓐ ―――――→ Ⓐ
Ⓒ　　　　　　Ⓒ

（本音と建て前）

図表2　ゲームにおける交流パターン

①表面の交流

「こうしてみたらいいよ」

Ⓟ ―――――→ Ⓟ
Ⓐ ←――――― Ⓐ
Ⓒ 　　　　　　Ⓒ

「はい、でも……」

②裏面の交流

「君をなんとかしてやりたい」

Ⓟ- - - - - -　Ⓟ
Ⓐ　　　　　　 Ⓐ
Ⓒ　　　　- - -Ⓒ

「言うとおりになるもんか」

③結果

「せっかくしてやってるのに」

Ⓟ ＼　　　　 Ⓟ
Ⓐ 　＼　　　 Ⓐ
Ⓒ 　　 ＼　　Ⓒ

「ほらやっぱり口だけなんだ」

■参考文献
1 『教育カウンセリングと交流分析』杉田峰康著　チーム医療
2 『相談活動に生かす15の心理技法』『月刊学校教育相談』編集部編　ほんの森出版
3 『学校で使えるやさしい交流分析』今西一仁著（『月刊学校教育相談』2005年4月号～2006年3月号）

今西一仁　高知県心の教育センター　指導主事

子どもの理解を深める見方の工夫

相談メソッド

3. 観察アセスメント法

●技法の概要●

　観察アセスメントとは、人間の外的な側面（表現）を客観的に観察することによって、その個人の能力・適性、性格などの内面的な側面を理解しようとすることである。子どもの表情・態度・外観を観察することは、子どもの理解にとどまらず、軽度発達障害や子どものかかえる問題の早期発見にもつながる。

　観察をアセスメントに用いる際には、次の5点を満たす必要がある。
①何を観察したいのかという明確な観察目的があるか？
②観察や記録の方法が観察目的に合っているか？
③観察や記録の方法が正確であるか？
④観察者の主観的な解釈が入り込まないように留意しているか？
⑤観察結果を効果的に解釈し、子どもの理解・対応に生かすことができるか

　「観察アセスメント法」には、図表1に示したように状況に意図的な操作を加えた「実験的観察法」も含まれる。しかし、日常の生活場面では、実験室で行う観察のように状況を隅から隅まで操作することは不可能である。そこで、ここでは教師が日常的な教育場面で取り組みやすい「自然観察法」によるアセスメント（以下、本文ではこれを観察アセスメント法と同意とする）を中心に採り上げ、子どもの解決ニーズのある行動をどのような視点で見ればいいのかについて述べる。

図表1　観察アセスメント法の種類

自然観察法	⟵	実験的観察法	⟶	実験法
偶然的観察 - 組織的観察				

※右に行くほど、より細部にわたって状況を統制する必要がある

●技法の特色●

　自然観察法を用いた観察アセスメントとは、日常生活の中で起こる自然な行動を観察することによって、子どもを理解しようとする方法である。

【長所】

　この方法の長所は、次の4点である。
① 目的に合った場面が見つかれば、いつでも手軽に実施できる
② 検査法や調査法の結果では把握しにくい側面を全体的に理解できる
③ 低学年の子どもや障害をもった子どもなど、言語的コミュニケーションが充分でない場合にも適用できる
④ 観察の結果をその場で指導に結びつけて活用できる

【短所】

① 子どもの自発的な行動を観察の対象とするため、観察しようとする行動が起こるまで待たなければならない
② 日常場面では条件が統制されていないので、同じ行動が反復して観察された場合に、同じ条件下での行動だとは断定できない
③ 観察事象を記録する際、観察者の主観に影響されやすいので、何が必要な情報なのかという取捨の判断が困難である
④ 観察する状況場面や観察時間に制限がある

　自然観察法には、図表1に示したように日常生活における行動を自由に観察する「偶然的な観察」と、観察の目的や手段、記録方法や判断基準をあらかじめ明確に設定した上で行う「組織的な観察」があるが、以上のいくつかの短所を克服するためには、後者の「組織的な観察」が有効である。

●技法の手順●

　問題行動の解決を目的に観察を行う場合の手順は、次のとおりである。

(1) 観察対象となる行動を焦点化し、見方を絞る

　子どもの気になる行動について、どのような行動が、誰にとって、どういう理由から解決する必要があるのかということを教師が自己確認することで、観察の対象となる行動が特定され、観察する視点があいまいにならない。たとえば、気

図表2　記録表（肥後、2006）

　　　　　　　　　　　　　　　　　　　　　　年　　　月　　　日（No.　　　　）

時刻	どんなとき	どんな行動	そのときの対応	対応後の様子
：				
：				

になる子どもがいた場合、その子の一日の行動すべてに対して注意をはらうのではなく、ある特定の行動の発生に注目して注意をはらえばよいことになる。

(2) 気になる行動の前後の出来事を観察し、実際に記録する

　記録の、日付、時間、場所、活動、その場にいた人なども重要な情報となるため、合わせて記録する（図表2参照）。取り組みについて考える際に役立つための記録のポイントは、「どんなとき」「どんな行動（観察の対象とした特定の行動）」「どうなったのか」についての記述である（参考文献1）。「どうなったのか」に関してはさらに、「その時の対応（周囲がどんな働きかけをしたのか）」と「対応後の様子」に分けて記載する。

(3) 計画的・継続的に観察を行い、ある生徒のある特定の行動につき10〜15場面ほど記録を収集した時点で、記録自体に焦点を当てる作業に入る

　ここでは観察記録全体を通して、行動のパターンについていくつか仮説を立て、取り組みへの案を練ることが中心作業となる。記録を基にアセスメントする際のポイントは、次の3点である。

①行動の変化（頻度の増減、行動の適切さ・不適切さの程度など）
②子どもの行動の役割や目的
③現在行っている教師（周囲）の対応と気になる行動の増減の関係

　なお②に関しては、記録を行う際に、同時に（問題行動の機能あるいは原因を調べることもできる）記録表もある（参考文献2）。そこでは、図表2の4つの項目に加えて、さらに「その行動が果たしていると考えられる機能（役割・目的）は何か」について記述する欄が設けられ、不適切な行動を解決するための具体的な行動支援計画を立案することができる。ただし、その記録用紙を用いるに当たっては、ある程度の予備的知識が求められるため、ここでは参考文献を最後に紹介するにとどめる。

●技法の活用例●

　ここでは、観察記録に沿って、「どんなとき」「どんな行動」「どうなったのか（そのときの対応、対応後の様子）」それぞれの見方について述べる。図表3、4に具体例をあげた。

(1)「どんなとき」に焦点を当てることで、気になる行動が生じやすい環境・場面について仮説を立てることができる

　一連の観察結果の記録から、行動の発生と関連していると推測できるもの（たとえば、時間帯や、周囲の人との関わり、授業場面であれば課題の内容の難易度や提示方法など）を見出すことができる。

(2)「どんな行動」に焦点を当てることで、気になる行動をある目的を表現する手段としてなされたものとして客観的に把握できる

　目的を表現する方法を調整することで解決のヒントが得られる。その際、注意を要するのは、観察者の解釈を入れず、事実のみ具体的に記録する点である。「事実を記録する」作業は、意識しないとむずかしい作業なので、まず「事実を記録する」ことに馴れる必要がある。しかし、「事実を記録する」ことを通して、子どもの行動を客観的に解釈できるようになる。

(3)「どうなったのか」に焦点を当てることで、気になる行動が生じ、継続する理由についてのヒントが得られる

　行動が継続されるパターンは大きく2つに分けられる。それは、「ある行動を行うと、その後に好きなことができたり、ほしい物が手に入ったりするので行動が続く」パターンと、「ある行動を行うと嫌な状況が終わったり、避けられたりするので行動が続く」パターンである。

　以上のパターンを気に留めて観察・記録することで、問題の行動をパターンで把握することができる。その行動パターンが不適切で悪循環となっている場合であれば、パターンの発見が、悪循環を解決する方法のヒントとなる。ただし安易にパターンを断ち切ることは、子どもに不必要な負担をかけ過ぎることがあるため、実現可能な目標を設定することが重要である。不適切な行動を減らし、適切な行動に変えるためには、もともとの不適切な行動が果たしている機能（役割・目的）を周りの大人が理解することが求められる。したがって不適

図表3　モデル例（A児の事例）

20XX年　9月15日　(No. 2)

時刻	どんなとき	どんな行動	そのときの対応	対応後の様子
1:30	数学（担任）の授業の後半で、プリントを用いてクラス全体で問題表を行っているとき	問題に取り組まず、ぼんやりしていた。	A児に対して、問題に取り組むように促した。	教師が声をかけたり叱責するたびに、「うるさい」「うざい」を言うやりとりが授業終了時まで数回続いた。
		問題に取り組むように促す教師に「うるさい」「やりたくねーよ」と言った。	「静かにするように」と叱った。	
3:00	帰りの会で、教室でクラス全体に向けて明日の予定を担任が連絡しているとき	教師が話している途中で、「わっかんねーよ」と言った。	教師はA児に「おしゃべりをやめなさい」と言って叱った。	教師がA児とのやりとりを諦め、無視するまで、やりとりは続いた。
3:00	クラスの皆の前でA児を叱責したとき	教師に対し「うざい」と言った。	さらにA児を叱責した。クラスの他の生徒3名が「A児いいぞ」と言って笑った。	

20XX年　10月2日　(No. 7)

時刻	どんなとき	どんな行動	そのときの対応	対応後の様子
2:50	数学（担任）の授業の中盤、担任が説明を行っているとき	課題に取り組まず、教師に「でぶ」と言った。	A児の「でぶ」発言に対して「授業の邪魔をするな」と注意した。	教師に対して（「でぶ」「ばばあ」「うざい」）と言った。
2:50	クラス皆の前でA児を叱責したとき	教師に「うざいんだよ」と言った。	教師はA児を叱責した。クラスの3人の生徒が笑った。	教師の叱責を受け、A児の発言はさらにエスカレートした。

切な行動の背景を理解し、解決策を練る上で重要なのは、その行動のみに焦点を当てるのではなく、その行動を周囲との関係を含めた一連の文脈の中でとらえる視点をもつことである。

　不適切な行動が多い場合には、適切でない行動を減らし、適切な行動を増やすかかわりをする。たとえば、授業中に場にそぐわない発言が目立つ子どもがいた場合、その行動に逐一応答する形でかかわるのではなく、授業中の質問に答えようとしているときなど、場にそった行動をみすごさないようにし、すかさずほめるような形でかかわる。加えて、場にそぐわない発言を一定時間しなかった際にも、ほめるかかわりを行う。なお、気になる行動と同じ機能（目的、役割）をもつ適切な行動に置き換える試みも、一つの方法である。たとえば、授業中、場にそぐわない発言や、他の子の邪魔をする行動が観察された場合、課題の難度が子どもの能力に合わない可能性や、教示自体を理解できずにやることがわからない可能性を考える。したがって子どもが「やり方がわからないよ」という他者に助けを求めるメッセージを別の表現で発信できるように行動を置き換えることが、不適切な行動の解決策の1つとなる。

　不適切な行動が多く観察される場合においては特に、適切な行動に焦点を当てる視点が重要である。観察記録を基に、不適切な行動にのみ焦点を当ててきたこれまでの見方とは逆に、どのような場面・どのような対応をすると不適切な行動が生起しないのかに注目するのである。

図表4 技法活用の一例（A児の事例）

	どんなとき	何をして	どうなったのか
観察から得られた結果	時間帯：午後・授業中盤以降	①問題に取り組まずぼんやりする。	①A児が課題をしない。教師からの応答（声かけ、叱責）がある。
	場面①：課題取り組み場面・クラスへの一斉説明場面	②教師に対して「うるさい」「やりたくねーよ」「うざい」「でぶ」と言う。	②A児が課題をしない、教師からの応答（声かけ、叱責）やクラスの生徒からの応答がある。（笑ってはやし立てる）
	場面②：クラスの皆の見ている前で叱責したとき		③A児が課題をしない状況、TT・教師からの応答（叱責）がある。

仮説（行動パターン）を検討する	[A児の気になる行動に関する、大まかな流れ（全体像）] ・観察結果：不適切な発言の後、A児は課題をせず、教師の叱責という応答がある。A児と教師の応答は反復して起きることもある。その間、A児は課題をやらない状況が続く。時によっては、クラスメイトのはやし立てが続くこともある。 →仮説：発言することで、A児は結果的に課題をしなくて済む状況を得ている。また、A児の発言は、教師の応答内容やクラスメイトの反応は関係しているのではないかと考えられる。 [A児の行動はどんな状況下で生じているのか] ・観察結果：午後・授業中盤以降に頻繁に出現している →仮説：時間帯の影響が考えられる　（追加観察→午前中や授業の前半） ・観察結果：課題取り組み場面やクラスへの一斉指示場面で出現 →仮説：活動内容の影響が考えられる　（追加観察→課題内容が異なる場面） ・観察結果：教師とA児のやりとりに対して、クラスの生徒が反応する →仮説：クラスの生徒が反応することで行動がエスカレートすることから、普段の生活で注目される機会が少ないことが考えられる（追加観察→A児が注目される場面の有無と注目された際のA児の行動）

図表4に示したように、観察記録の結果から得られた諸仮説は、子どもの理解を深めると同時に、学校生活場面で具体的にどのような取り組みができるのかを考えるヒントとなる。さらに取り組み後は、観察記録を継続的に用いて、行動の発生への影響を検討する（図表4中の「追加観察」部分）。もしも、取り組み後も不適切な行動が減らなかった場合には、取り組み方、または前提とした仮説が適切でなかったためと考えることができる。その際には、新たな取り組み方を検討するか、仮説を見直せばよい。必要であれば、観察を継続し、新たな情報を収集する。

なお、行動パターンについての仮説や取り組み方について考える際、観察で得られた情報に加え、面接や心理検査等の他のアセスメント結果も重要である。それらの情報や取り組み後の観察結果は、さらに継続して子どもを観察していく上で、新たな視点を与えてくれる。

■参考文献
1 『軽度発達障害の教育－LD・ADHD・高機能PDD等への特別支援－』上野一彦・花熊曉編　肥後祥治著　日本文化科学社
2 『問題行動解決支援ハンドブック』ロバート・E・オニール　茨木俊夫監修　三田地昭典・三田地真実監訳　学苑社

都丸けい子　筑波大学準研究員

いつでも、どこでも、1人でリラックスできる

相談メソッド

4. 教育リラクセーション（呼吸法）

●技法の概要●

「教育リラクセーション」とは、緊張の適切なコントロールを身につけることにより、心身の健康の回復・維持・増進を図る自己コントロール法（参考文献1）であるリラクセーションを教育活動の中で活用する場合の呼称である。

「教育リラクセーション」は、「環境を調整する方法」と「主体的に取り組む技法」との2つに大別できる。

環境を調整する方法は、視覚、聴覚、臭覚などの五感へ働きかけることにより、心身の弛緩を得る方法である。

主体的に取り組む技法は、「自律訓練法」に代表される、静かに身体内感覚に注意を向けて行う静的リラクセーションと、「漸進性弛緩法」に代表される、軽い身体運動や姿勢の調整など動きを伴う動的リラクセーションとの、2つに大別できる。

【教育リラクセーションの効果】

教育リラクセーションは、活用する方法や技法により多少違いはあるが、おおよそ次のような効果があることが報告されている。

① 疲労回復、エネルギー蓄積
② 仕事や勉強の能率向上
③ 自己統制力の増大、衝動的行動の減少
④ 内省力の高揚、自己向上性の増大
⑤ 過敏状態の鎮静化
⑥ 身体的疼痛や精神的苦痛の緩和
⑦ 自律神経機能の安定　など

ここでは、最も簡便な教育リラクセーションとして、「呼吸法」を紹介する。

人は、赤ん坊のときには呼吸の達人であり、深い安らぎを得ることができる「腹式呼吸」を得意としていた。しかし、成長するにつれて、勉強や仕事、対人関係等のストレスから浅い「胸式呼吸」が、いつの間にか習慣となる。そして、この胸式呼吸の習慣化が心身のさまざまな不調を呼び起こすことになる。そのため、胸式呼吸の習慣を崩し、リラックスしているときに見られる腹式呼吸を回復することが重要なこととなる。

そうした腹式呼吸を積極的に活用して心身の健康の回復・維持・増進に役立てるのが「呼吸法」である。

●技法の特色●

特色として、効果（生理面と心理面）について述べる。

【呼吸法の効果】

(1) 生理的効果

1回の呼吸で出し入れする空気量(1回換気量)は、胸式呼吸では約0.4ℓであり、腹式呼吸では約2.9ℓである。すなわち、腹式呼吸では胸式呼吸の約7倍の換気量となる。また、血液の流れは、重力の関係で肺の下の方が活発で、肺の頂点で1分間に約0.1ℓ、中程で約0.7ℓ、底の方では約1.3ℓである。つまり、肺の下部1/3だけで上部2/3の2倍近い血流量がある。そのため、腹式呼吸は呼吸数を減少させ、かつ肺の最も効率のよい部分を使って、楽にたっぷりと酸素を取り入れることができる。したがって、肺と心臓の負担が軽減し、血圧も高くならない。さらに、腹式呼吸による横隔膜の上下運動が、穏やかに絶え間なく内部器官をマッサージする。横隔膜が下がると器官およびその血管が圧縮され、血液が心臓に送り戻され、横隔膜が上がると動脈から酸素をもった血液が器官に効率よく流れ込む。このように、循環組織全体の働きを高める。それに加え、肝臓をマッサージし、胆汁を早く分泌させ、解毒作用を促進させるなど、身体内部組織の機能も高める。

(2) 心理的効果

　呼吸法により心身がリラックスした状態になると、余裕をもって自己をコントロールできるようになる。したがって、いろいろな刺激、ストレス、課題に過剰反応しないで対処できるようになる（ストレス耐性の向上）。また、呼吸に受動的な注意を集中することにより、心身への気づきが高まり、内省力、自己向上性が増大する。さらに、創造性や問題解決能力も高まる。

●技法の手順●

【導入】
　対象の児童・生徒に対して、その実態に応じて設定した目的と、そのための具体的な取り組みを明確に伝える。

【展開】
　呼吸法の中で最も簡略な方法であり、教育活動への導入および活用がしやすい「10秒呼吸法」の実際の声かけ（例）の逐語を紹介する。

「これから『リラックス呼吸法』を始めます」
　※実践の目的に応じて、実践者が適当に命名すればよい。
「姿勢を整え、静かに眼を閉じましょう」
　※姿勢の整え方（例）は次のとおりだが、慣れれば省略する。
　「体を締めつけているものはゆるめ、メガネや時計ははずしましょう」
　「お尻の位置は、深からず浅からずで、後にもたれてちょうど座りの良い所にしましょう」
　「膝の角度は鈍角で、少しだけ前に足を投げ出すようにしましょう」
　「手の位置は腿の上で、据わりの良い位置に置きましょう。手の平は、上に向けても下に向けてもどちらでもよいでしょう」
　「必要であれば、途中で適当に微調整を行ってください」
　「それでは、いったん背筋をピンと伸ばして、ゆっくりと息を吐きながら背中の緊張をゆるめます」
「静かに眼を閉じましょう」
「吸っている息を口からゆったりと吐き出しましょう」
「吐き出せたら、鼻から静かに吸っていきます」
「1、2、3」
「4でいったん止めて、またゆったりと吐き出していきます」

「5、6、7、8、9、10」
「後は自分のペースで続けましょう」
「あくまでムリのない、ゆったりとした呼吸を心がけましょう」
　　　………（間・60〜90秒）………
「それでは徐々に自然な呼吸に戻していきましょう」
　　　………（間・10秒）………
「それでは、消去動作を行います」
「ジャンケンの'グー'をつくりましょう」
「開いて'パー'、グー、パー、グーパー、グーパー」
「肘の屈伸です。曲げて、伸ばして。曲げて、伸ばして」
「伸びをして、はい脱力」
「気持ちよく、スッキリと目覚めます」

呼吸法

▲吸いながらおなかを
　ふくらませる。

▲息を吐きながらおなかを
　へこます。

【実施上の留意点】
　最初の体験が継続的な取り組みへの大きな動機づけとなる。そのため、なるべく快体験につながるように、配慮のある導入や諸注意を行うことが必要である。特に、呼吸器系疾患がある児童・生徒には事前指導が必要である。

留意ポイントを3点あげておく。
(1) 時間や腹式にとらわれすぎない
　最初は、呼吸に気持ちを向けるだけで落ち着かないこともある。特に、10秒という時間や腹式にとらわれすぎると、かえって緊張が増す。あくまで自分にとってムリのない自然なリズムとペースに心がける。そして、徐々に安静感が深まるようにゆったりとした呼吸にしていくことが大切である。

(2) 吸う息より吐く息に重点を置く
　吸う息は自然に任せ、吐く息は、顔面の緊張が高まらない程度に軽く唇をすぼめて、口から細く長く遠くに吐き出すように調整する。吸う時間の2倍以上の時間をかけて吐くことがポイントである。そして、吐くときに「日頃の緊張や疲れ、不安や不満などのマイナスの感情が気持ちよく吐き出される」と想像することにより、さらに効果が高まる。

(3) 消去動作の必要性について理解しておく
　呼吸法レベルでも、児童・生徒の中には深いリラックス体験となる者もいる。寝起きにすぐ立つとクラクラしたり、頭に重い感じが残ったりするが、同様のことが、きちんと消去動作を行わない場合（急に目を開けたり、立ったりしたとき）に起こることがある。リラックスレベルの浅い深いにかかわらず、学校生活や授業に集中できる最適な緊張レベルに調整することが大切である。

●技法の活用例●
【受験恐怖；過度の緊張によるパニックから解放されたA子】
　A子（全日制高等学校普通科3年生）は、おとなしくまじめにコツコツと努力するタイプで、成績は安定していた。これまで、考査や模試で極度に緊張したことはなかった。しかし、1学期中間考査の発表日（考査1週間前）に、「この1学期の成績が、3年の成績として調査書に記入されるから、何かすごいプレッシャー」と友達にもらした。
　そして、考査初日の早朝、「緊張して寝られなかった。体がふるえて考査を受けられそうにない。受けないといけませんか」と、A子から担任に電話があった。担任は、結果はどうであれ、受けたほうがよいと説得した。こうした早朝のやりとりを数日間続け、何とか全科目を受験することができた。

しかし、結果は本人にとって不本意なものであり、その直後の実力考査と校外模試は極度の緊張による体調不良を訴え、受験できなかった。そこで、担任は、A子がリラックスできる方法を身につけることの必要性を感じ、A子と一緒に教育相談室を訪れた。

　A子は、教育相談室で体験した10秒呼吸法を1日3回取り組み、毎週1回その訓練状況を報告しながら相談を継続した。

　その結果、期末考査では多少の緊張状態はあったが、大きく揺れることなく無事考査を終えることができた。A子は「以前だったら、緊張が高まってきたらパニックに陥っていたけど、今は抑え込もうとしないで、10秒呼吸をしようと切り替えるの。30回もすれば必ず落ち着けるわ」と話すようになった。12月にあった第1希望の大学の推薦入試においても、「呼吸法」を活用して落ち着いて受験することができ、見事合格した。そして、大学1年時の年賀状に「呼吸法は私の宝です」と記してきた。

　この事例のように、受験を意識し始めてから極度に試験に対して緊張するようになったり、受験日が近づくにつれて情緒的に不安定になったりする生徒が数多くいる。こうした生徒への支援として、呼吸法の活用が有効であり、多くの生徒たちが、試験恐怖や受験恐怖を克服して本番で実力を発揮できている。

　「呼吸法」の活用は、学級・ホームルーム経営や教科指導の中でも可能である。朝の会・ショートホームルームや授業はじめ（2〜3分間）に呼吸法を活用することにより、1日の学校生活への心の準備や授業の雰囲気づくりができる。そのため、1日を充実した学校生活にすることができたり、学習への取り組みや内容の定着を高めることができたりする。

■参考文献
1 『学校で使える5つのリラクセーション技法』藤原忠雄著　ほんの森出版
2 『息のしかた』春木豊・本間生夫著　朝日新聞社
3 『動作とイメージによるストレスマネジメント教育（基礎編・展開篇）』山中寛・富永良喜編　北大路書房

藤原忠雄　兵庫教育大学 大学院准教授

学校から仕事・社会への移行を支援する

相談メソッド

5. キャリア・カウンセリング法

●技法の概要●

　学校教育においては、「キャリア・カウンセリング」は、一般的に進路相談と同意語として使われている。キャリア教育やキャリア・カウンセリングの中心的な役割を果たすのは学級（ホームルーム）担任や進路指導担当であり、中学校ないし高等学校3年間にわたるキャリア教育・進路指導の一環として「キャリア・カウンセリング」が教育活動に位置づけられている。

　文部科学省の「キャリア教育の推進に関する総合的調査研究協力者会議報告書」（2004年）は、「学校におけるキャリア・カウンセリングは、子どもたち1人ひとりの生き方や進路、教科・科目等の選択に関する悩みや迷いなどを受け止め、自己の可能性や適性についての自覚を深めさせたり、適切な情報を提供したりしながら、子どもたちが自らの意志と責任で進路を選択することができるようにするための、個別またはグループ別に行う指導援助である」としている。そして「キャリア発達を支援するためには、個別の指導・援助を適切に行うことが大切であり、特に、中学校、高等学校の段階では、1人ひとりに対するきめ細かな指導・援助を行うキャリア・カウンセリングの充実は極めて重要である」とし、キャリア教育においてキャリア発達を支援する個別の指導・援助としてのキャリア・カウンセリングの意義を強調している。

　キャリア・カウンセリングは、子どもの職業や進路選択への援助が重要な役割の1つであるが、その際、重要なことは、子どもたちをキャリア発達の視点から援助することである。

　キャリア・カウンセリングに活かせる理論には、パーソンズ（Parsons,F.）のマッチング理論（特性・因子理論）、ホランド（Holland,J.L.）の職業選択理論、スーパー（Super,D.E.）のキャリア発達理論をはじめ、さまざまなものがある。

パーソンズの特性・因子理論は、個人の特性と職業の求める特性とを結びつけるのが職業選択であるとする、いわゆるマッチング理論であるが、人間と職業の関係を一面的・固定的にとらえているという批判がなされている。

ホランドの職業的パーソナリティ理論は、人格を類型化し、現実型・研究型・芸術型・社会型・企業型・慣習型の6つに分類し、この人格類型に適合する職業分野を見いだすことを試みたもので、マッチング理論への批判をふまえて、個人と職業との対応を柔軟にとらえているところに特徴がある。ホランドの人格類型は六角形で示される（図表1）。この六角形は人格類型の構造も示し、タイプ間の距離が短いほど類似性が高く、距離が長いほど類似性が低いことを示している。個人のパーソナリティと職業のタイプが一致している程度を一致度といい、一致度が高いほど職業に対して適応的であると考えられている。VPI職業興味検査はこのホランドの理論をもとにつくられている。

スーパーのキャリア発達理論は、個人の適職を固定的に見る特性・因子理論に対する反省をもとに、職業を選択する人間の持つ可能性である発達に着目し、生涯キャリア発達の概念を提唱し、人間の全生涯にわたる発達段階を提示している。また、スーパーは、キャリアとは「人々が生涯において追求し、占めている地位、職務、業務の系列である」とし、職業以外の社会的役割、すなわち労働者以外の家庭人、市民、学生、余暇人としての役割を総合的にとらえたライフキャリア・レインボー（Life-Career Rainbow）を提唱した（図表2）。

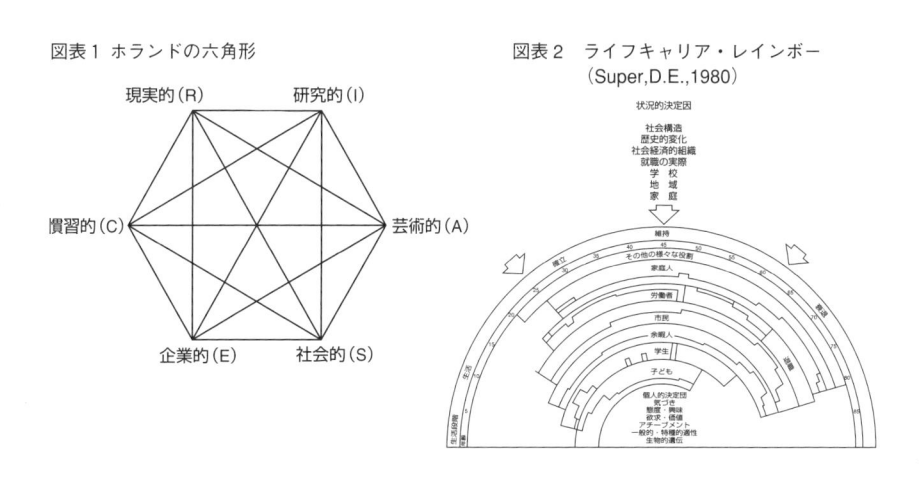

図表1　ホランドの六角形

図表2　ライフキャリア・レインボー（Super, D.E., 1980）

●技法の特色●

　「キャリア・カウンセリング」の目的は、生徒1人ひとりが自主的に問題解決能力を高めて積極的に自己の問題を解決し、将来の生き方や人生の目標を追求して望ましい進路選択と職業的発達を図り、社会的・職業的自己実現ができるように相談・援助することにある。

　進路相談で取り扱われる内容は、学校生活への適応の問題、学業上の問題、友人関係の問題など、学校内外の生活全般に関わる問題も取り上げられるが、将来の生き方や進路に対する関心の高揚、将来の人生設計、進路適性の吟味、進路情報の収集と活用、進路の選択・決定、社会的・職業的自己実現などに関することが独自の問題として取り上げられる。

　また「キャリア・カウンセリング」は、他のカウンセリングと異なり、生徒の個人情報・資料や進路に関する情報・資料が必要となる。すなわち、進路希望調査、進路適性検査、学業成績に関する資料、学校生活に関する記録、過去の相談記録など生徒の個人情報・資料や、卒業生の進路状況に関する情報、上級学校に関する情報、産業・職業に関する情報、企業に関する情報など進路情報・資料の収集と活用が必要不可欠である。

　「キャリア・カウンセリング」に必要な基本的技術は、カウンセリングの諸技法が参考となるが、開発的カウンセリングが適している。開発的カウンセリングとは、人間を発達的にとらえ、1人ひとりの生徒の進路発達課題を明確にし、その達成を目差し援助することにある。学校における進路相談は、これまで教師主導による指示型の相談が多くなされてきたが、これからは受容的、指示的な双方の性格を兼ね備えた折衷的なアプローチが求められている。なお、「キャリア・カウンセリング」は個々の生徒のキャリア発達を支援するものであるから、その実施に当たっては、学校あるいは学年全体で進められるキャリア教育や学級（ホームルーム）活動における進路指導と並行して実施すること、日頃から生徒理解に必要な資料や諸検査の結果などを収集・整理しておくことが必要である。

●技法の手順●

　個別キャリア・カウンセリングの場面に焦点をしぼって一般的な進路相談の進め方を説明すると、次のようになる。

(1) 信頼関係を構築する

　カウンセリングの開始にあたり、生徒（クライアント）と教師（カウンセラー）が相互に信頼関係（ラ・ポール）を築くことが欠かせない。生徒が自分自身のプライベートな情報をありのままに自己開示することなしには効果的なカウンセリングは行われないし、その自己開示の前提条件となるのが教師に対する信頼感である。

(2) キャリア情報を収集する

　生徒に質問しながら、将来のキャリアに関する興味・関心のある分野や職業、卒業後の希望進路、学業成績、委員会活動や部活動、取得資格・検定、家族の状況や意向、進路選択上の問題点など、生徒に関するキャリア情報を収集する。進路相談シートをつくり、あらかじめ生徒に記入できるところは記入させておくことも可能である。

(3) アセスメントを行う

　アセスメント（assessment）とは、生徒が客観的に自己理解できるように、また、教師が生徒の個性を把握するために実施される評価のことである。これには、心理学の技法に基づき、標準化と呼ばれる手続を経て作成された心理検査を用いる「フォーマル・アセスメント」と、心理検査以外の方法で評価を行ったりする「インフォーマル・アセスメント」がある。

　キャリア・カウンセリングで用いられる心理検査には、厚生労働省編一般職業適性検査、VPI職業興味検査などがある。アセスメントはあくまで自己理解を助けるための素材を提供するものであり、クライアントのすべてを正確に反映しているわけではなく、検査実施時の体調などで多少の変動があること、将来的に不変の結果ではないという心理検査の限界にも留意する必要がある。

(4) 目標を設定する

　目標の設定は、次の3つの手順で行う。
①進路に関わるどのような問題を解決したいのか、達成目標を明確化する
②問題解決のためにどのような選択肢があるか、情報を収集・整理し検討する
③目標を達成するための具体的な行動計画を立てる
　このような手順を踏んで、生徒とよく話し合いながら目標を設定する。

(5) 課題を設定する

　生徒が設定した目標をより効果的に達成するためにはどのようなアプローチ方法があるか、さらにどのような情報が必要かなど、目標達成のための課題を設定する。

(6) 行動計画を作成する

　教師は、目標達成のためにどのようなアプローチ方法をとるのか、スケジュールを生徒に質問して投げかけ、生徒自身に考えさせ、生徒と一緒に確認しながらムリのない現実的な行動計画を作成する。

(7) フォローアップし、カウンセリングを評価し、関係を終了する

　目標達成に向けた行動計画が順調に進行しているか、進捗状況をフォローしながら、新しい問題が発生した場合には問題解決のサポートを行う。目標が達成された場合には、計画どおりに達成したのか、達成度はどの程度か、評価を行わせる。その上で、生徒の合意のもと、キャリア・カウンセリングを終了する。

●技法の活用例●

　キャリア・カウンセリングというと「個別カウンセリング」が中心であるが、実際には「グループカウンセリング」、「進路学習の授業やワークショップ」、「コンピュータ支援カウンセリング」など多様な形態が見られる。
　また、カウンセリングとは、本来クライアントの方から自発的にカウンセラーを訪れることを前提としている。しかし、日本の学校教育における進路指導では、学級（ホームルーム）担任や進路指導担当がキャリア・カウンセリングを行う。このような体制の中で発達した、日本独自の個別キャリア・カウンセリングの方式が「定期面談」と「三者面談」である。

(1) 定期面談

　生徒や保護者からの希望や教師の必要によってその時々に行うのが随時相談であるが、「定期相談」は、教師が自分のクラスの生徒と進路に関して、学校・学年あるいはクラスごとに実施計画に基づいて行う面談のことである。
　定期面談は強制的であるため、生徒が必要性を感じていない場合や教師との日頃の関係によっては相談に発展しない場合もある。また、時間も1人10〜

20分と短時間での相談が多い。したがって、進路相談の目的を理解させておくことや、心理検査・学力検査などの実施結果をもとに進路相談への動機づけをしておくなど、生徒への事前指導を行う。同時に、相談内容に必要な情報・資料を収集・整理しておき、目的を明確にし、効率的に相談を進める必要がある。

(2) 三者面談

「三者面談」は、保護者を交えて生徒と一緒に行う面談である。学校では、保護者の考えや態度が生徒の進路の決定に大きな影響を与えることから、定期的に行事化されている場合が多い。三者面談の目的は、保護者による生徒の理解や支援を喚起すること、親子間の相互理解と調整をするところにある。三者面談の中心は生徒であるが、保護者も相談者であり、教師は生徒もしくは保護者の代弁者になってはならない。生徒と保護者が率直に対話ができるように介入することで、生徒が自己決定できるように支援することが教師の主な役割となる。

(3) グループカウンセリング

「グループカウンセリング」の目的は、メンバーの気づきや自己理解を進め、自己肯定感を高めることにある。まず最初に、生徒と個別に面談し、その生徒の抱える問題を把握し、グループカウンセリングに対するレディネスをつける。グループカウンセリングの第1段階では、アイスブレークないしは構成的グループエンカウンターのエクササイズを用意し、メンバーがうち解け合い、他者理解が進むようにする。第2段階では、各メンバーが抱えている問題を共有する語り合い（シェアリング）を行う。生徒それぞれが自己開示し、どうなれば問題解決になるかを話す。教師は必要に応じてサポートし、メンバーには他者に対して受容的・共感的な姿勢で語り合うように促す。

■参考文献
1 『キャリアカウンセリング入門』渡辺三枝子・E.L.ハー著　ナカニシヤ出版
2 『キャリアカウンセリング』宮城まり子著　駿河台出版社
3 『キャリア教育論』吉田辰雄著　文憲堂
4 『キャリア・カウンセリング　ハンドブック』日本キャリア教育学会編　中部日本教育文化会

山野晴雄　　桜華女学院高等学校教頭

5
解決メソッド

沈黙の集団発想法なので自由に考えられる

解決メソッド

1. カード・ブレインライティング法

●技法の概要●

　ブレインライティング法は、ドイツのホリゲル（Holiger）が開発した沈黙の集団発想法である。ホリゲルはドイツの形態分析法の研究者である。彼は1968年に始まったドイツの職業訓練コース「ローバック」の中で、この技法を公開した。

　これは、終始、沈黙のままで個人に発想させながら、集団発想の長所も生かす思考方法である。ブレインライティング法は当初「6・3・5法」と呼ばれていた。それは、以下のような進め方をするからで、この技法の特徴をよく表している。
(1) 6人の参加者で、
(2) 3つずつ、各自がアイデアを考え、
(3) 5分以内でシートに記入し、5分後に隣にシートを回す。
(4) 以下、繰り返す。

　「カード・ブレインライティング法」は、カードを使うことによって、ブレインライティング法より事後処理をずっと簡単にした手法である。カード利用で収束するのが大変便利になることから、筆者が考案した。

●技法の特色●

　「ブレインライティング法」と「カード・ブレインライティング法」を特徴づける最大のポイントは、全員が無言で発想作業を行うということである。「沈黙のブレインストーミング」という別名があるとおりで、メンバーの口頭発表ではなく、1人ひとりが発想シート「ブレインライティング・シート（図表1）」や「カード・ブレインライティング法シート（図表2）」の各カードに書き込み、時間がきたらシートを相手に渡して順番に記入しながら、集団発想を進めていく。

ブレインライティング法とカード・ブレインライティング法の特徴をあげると、以下の点があげられる。
(1) 全員が平等に思考することで、ブレインストーミングでよく起こる発言者が片寄る傾向を排除する。
(2) 沈黙による自由な個人発想を盛り込むことで、ブレインストーミングとは違い、発言により思考が妨げられる欠点をなくす。
(3) 本人が直接アイデアなどを記入することで、ブレインストーミングで司会や書記が発言を記入しニュアンスが変わってしまう、という問題点を解消する。
(4) 集団の人数は何人でもできる。この技法は100人以上のメンバーが参加しても可能で、しかも短時間でアイデア会議が実行できる。

●技法の手順●
ブレインライティング法とカード・ブレインライティング法の手順を述べる。

【事前準備】
(1) リーダーを決める
　リーダーを1人選ぶ。リーダーは進行と時間チェックを行い、タイマーを用意する。リーダーは発想メンバーも兼ねる。
(2) メンバーは原則として6人にする
　メンバーは6人が原則であるが、必ずしも人数を限定する必要はない。何人でも可能である。
(3) 机を2～3つけて、全員お互いに顔が見えるように座る
(4) テーマを確認する
　テーマはできるだけ具体的でポイントが絞られたものにしておく。
　リーダーはテーマ設定に問題がないかどうかを確認し、発想会議の始めにテーマを全員に示し、黒板に書く。
(5) シートを用意し、テーマ名をシートの上の欄に記入する
①ブレインライティング法：図表1に示したブレインライティング・シートを全員に配付して、各自は表頭にテーマ名を記入する。

②カード・ブレインライティング法：A4サイズのコピー用紙（シート）を各自に配布する。各自はシートを横にして、シート上部を2cm程度あけ、テーマをそこに記入する。次にポストイット・カード（2.5cm×7.5cmのサイズ）を縦6列・横に3枚ずつ貼ると、図表2のカード・ブレインランティング法シートができる。

テーマ名を各自がシートに記入することにより、テーマを理解し、発想の準備をする。

(6) リーダーは発想会議の進め方を説明する

リーダーは発想会議の進め方を下記の流れに従い、説明する。すべてで6回の発想タイムとなるが、各回の時間はテーマの難易度やメンバーのレベルなどを勘案し、2〜5分とする。

下記の事例では、各回3分間で実施する。

図表1　ブレインライティング・シート　　図表2　カード・ブレインライティング法シート

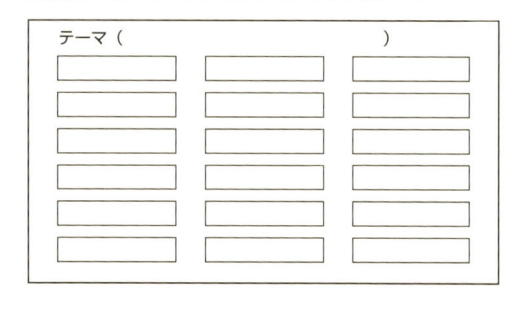

【本番】

(1) リーダーはタイマーを3分間でセットする
(2) 各自、3分間で3つのアイデアを1列目に記入する

最初の3分間で、メンバーは1列目に3アイデアを記入する。「ブレインライティング法」では、シートの1列目のA・B・Cの欄に記入する。「カード・ブレインライティング法」なら、1列目の3枚のカードにアイデアを書き入れることになる。

(3) 3分後、タイマーがなったら、メンバーはシートを左隣の人へと渡す

各自は途中まで記入のものは手早く書いて渡す。アイデアを3つ書けなくて

図表4　カード・ブレインライティング法による発想例

テーマ［卒業記念パーティ企画］			
各自、食べ物や飲み物を持参する	全員が名札をつける	席次は男女交互にする	会場はなるべく大きな部屋を使う
全員、ラフな服装にする	パーティの司会者を決めておく	デジカメで写真を撮って楽しむ	家族連れで楽しむ
パーティの企画委員を決める	会費は1人1,000円とする	不用品を持ち寄り、交換セリ市を開く	カラオケ大会を行う
各自が1人友人を連れてくる	BGMを流す	ゲームの対抗合戦をする	各自1分間のPRタイムを設ける
5人ずつのチームに分ける	ルーレット、バックギャモンを用意する	ビンゴゲームを行う	仮装パーティを行う
お世話になった先生を招待する	受付係を決める	立食スタイルのレイアウトとする	事前に案内状を出す

も、時間がきたらシートを左隣の人に渡す。
(4) 次の発想タイムも、3分間で3つのアイデアを右隣の人からきたシートの2列目に記入する
(5) 各自、前の人が記入した1列目のアイデアを見ながら、これを発展させたものや、まったく新しいアイデアを2列目に書き込む
　　上と同じアイデアを記入してはならない。
(6) また、3分経過したら、シートを回し、3列目にアイデアを記入する
(7) 以下、最後の列まで、同作業を繰り返す

　このようにして「ブレインライティング法」や「カード・ブレインライティング法」は実施される。1回の発想タイムを3分とすれば、全部で6回なので計18分、こんな短時間で全員が全欄を記入すれば6人×3案×6回＝108、20分程度で108ものアイデアが出ることになる。
　なお、発想時間は後半になると、上に記入されたアイデアを読む時間がかかるので、増やしてもよい。4列目からは4分にするなど。
　また慣れてきたら、時間は決めずに、記入が終わった人は左側の人にどんどん渡し

てしまう手もある。この方法だと、プレッシャーで必死に記入するという効果がある。

【終了後】
　基本的には出てきたアイデアを全員で評価したり、収束してまとめたりする。
(1) アイデアの評価を行う
　最終的に手元にきたシートの中から、各自良いと思われるアイデアを2～3選び、まとめの作業に向かうこともある。「カード・ブレインライティング法」なら、選んだカードを使ってまとめがすぐにできる。
(2) アイデアの収束を行う
　「カード・ブレインライティング法」ならカードをシートからはがし、すぐにブロック法（後述）などの収束技法によってまとめ作業ができる。「ブレインライティング法」ならシートをカードごとに切り離すか、選んだアイデアだけを新たなカードに記入し、まとめを行う。

●技法の活用例●
　「ブレインライティング法」や「カード・ブレインライティング法」はさまざまな展開が考えられる。まず個人での使い方を考える。通常、ブレインライティング法やカード・ブレインライティング法は、4人以上のメンバーで行うのが一般的であるが、個人での活用の具体的な方法は、以下である。

(1) 個人で行う場合
①シートとタイマーを用意する
②最初の3分間で、1列目のアイデアを記入する
③3分たったら、2列目を記入する
　1列目のアイデアをふくらませ、発展させたものを考えて記入する。
④これを繰り返して、考えを深めていく

(2) 多人数のメンバーでも可能
　このブレインライティング法を6人で実施した場合、108のアイデアが出る計算だが、人数を100人にしたら1,800ものアイデアが出ることになる。
　「カード・ブレインライティング法」は、何百人という大人数でも実施できる手法である。

(3) 参加メンバーの参加度について

「ブレインライティング法」や「カード・ブレインライティング法」は、ブレインストーミングとは違い、論議がわき起こり会議全体が盛り上がる、といった効果を狙ったものではない。個人の思考を充分に引き出すために、各自が沈黙して考え、頭脳をフルに働かせ、アイデアの生産に励む、というのがこの技法本来の姿である。

それだけに、メンバーがテーマに取り組む真剣さについては、ブレインストーミングを超えるものがある。

以上のような特徴から、ブレインライティング法は人前や地位の高い人の前で発言するのが苦手な人、声の大きな人にイニシアティブを奪われてしまいがちな人、などには最適な方法と言える。地位や性格の違いにかかわらず、全員が平等に発想でき、またお互いのアイデアに刺激を与え合うことができる。

さらに、初対面同士のメンバーの集まりや、チームづくりが間に合わずぶっつけ本番で発想会議を始めるときなどには、ブレインライティング法は大変有効と言える。

(4) 教育現場での実用例

教育現場での実用例としては、さまざまな問題を解決するときのアイデア発想や、修学旅行をはじめ、運動会などの学校行事の企画を立てるときには最適の技法である。「卒業記念パーティ企画」の発想例を図表4にあげた。

また総合学習の時間などで、生徒たちにさまざまなアイデアを出させるときには手軽で、便利な技法である。

特に、皆の前で発表することが苦手な引っ込み思案の生徒にとっては、とても有効な技法と言える。筆者も多くの学生たちに実施してきたが、大変好評を得ている。

■参考文献
1『ブレインライティング』高橋誠著　東洋経済新報社
2『アイデアが面白いほど出てくる本』高橋誠著　中経出版
3『新編・創造力事典』高橋誠編著　日科技連出版社

高橋　誠　日本教育大学院大学教授

サウンドでひらめき力をアップする

解決メソッド

2. サウンド・ブレインストーミング法

●技法の概要●

　筆者は31年間広告会社で仕事をしていたが、ブレインストーミング（以下ブレストと省略）を日常よく活用していた。課題発見や課題解決をしなければならないとき、すぐに会議室に集まった。また、雰囲気を変えたいときには、近所の喫茶店に場所を移してブレストをやっていた。いい仲間と行うブレストは、仕事というよりも楽しい創造的な時間であった。

　数年前に退職し、学校教育の場で、音楽を利用してブレストをする「サウンド・ブレインストーミング法」を使った授業を行っているが、大変満足のいく成果を出しているので、ご紹介させていただく。

　「サウンド・ブレインストーミング法」とは、A.F.オズボーンが考案したブレインストーミング法に高橋誠氏が改良を加えたカード・ブレインストーミング法（カードBS法）を行いながら、音楽のもっている力を利用する方法である。ブレストの授業の目的は、生徒間の会話による刺激から、お互いの脳を活性化させ、思考を自由にして、たくさんのアイデアを出すことにある。

　脳科学や大脳生理学の発展から、音楽が脳にもたらす効果についていろいろな研究成果が発表されてきている。

　ブレストの授業中に音楽を流すことで、生徒の気持ちをリラックスさせ、なおかつワクワクさせることで、ブレストの効果を高めることができるのである。

●技法の特色●

（1）音楽でリラックスさせ感性を刺激する

　音楽は老若男女・古今東西、誰でも好きなものである。なぜなら、音楽は耳から直接脳に伝わり、人の心をハッピーにしてくれる。また、落ち込んでいるとき

には元気を与えてくれるし、悲しいときには慰められるといった力をもっている。

　ブレストを始める前は不安や緊張で教室内がシーンとしてしまい、生徒はよけいに硬くなってしまうものだ。そこで用意した音楽を流してあげると、生徒の中から「この音楽知ってるよ」といった声があがり、急にみんなの表情が明るくなるのがわかる。

　なじみのある音楽で生徒の気持ちが落ち着いて、教室内の空気がやわやかになる。さらに、音楽は感性を刺激し、発想を豊かにするから、生徒の中から積極的にブレストに取り組む雰囲気が生まれてくる。

（2）BGM的な選曲をして雰囲気を良くする

　教室で流す音楽は生徒になじみのある曲で、しかもブレストの作業をやっていても気にならないBGM的な音楽がいい。ロックやポップスよりも、軽快なクラッシックやジャズのような音楽が授業の空気にはちょうど合うように思う。

　しかし、教師は選曲にあまり神経質になることはない。生徒のことを一番よく知っているのだから、生徒にとって一番雰囲気がいいと思う曲を流してあげることだ。音楽が苦手な教師は、音楽の好きな先生に相談し、知恵を借りるとよい。あとは場数を踏んで、勘をつかんでほしい。

（3）曲のテンポを変えてメリハリをつける

　ブレストの最初は少しゆっくりめのBGM的な曲から入り、後半から少しアップテンポな軽快な曲に変えるのも効果的だ。曲が変わることで、生徒たちは残りの時間が少なくなってきたことを感覚でつかむからだ。

（4）音のボリュームに気をつける

　音が大きくて会話が聞き取れないというのは良くない。音の大きさには注意をはらうことが大切だ。教室にスピーカーが設置されている場合はいいが、音響設備がない場合はラジカセを持参して、教室の真ん中に置いて音楽を流すしかない。教室の前に置くと、前の方は大きな音で、後ろはほとんど聞こえないということになるからである。

●技法の手順●
【グループ分けを工夫する】
　1つのグループは6人で行うと、多すぎず、少なすぎず、ちょうどいい。
　ブレストが成果を生むのは、いろいろな価値観をもち、物の考え方が違う生徒が出会い、1つのテーマを話し合うことで、お互いがさまざまな刺激を受けることである。いかにして多様な個性の組み合わせをしてあげるかが、とても大事である。
　したがって、グループ分けをするときから「おもしろいことになりそうだ」と生徒たちが予感できるように導くと、参加する態度が自然と前向きになる。以下に、グループ分けの例を5例示す。
(1) 出席番号で割り振っていくやり方が一番簡単であるが、生徒はあまりおもしろいと感じないかもしれない。
(2) 誕生月（星座でもいいが）、誕生日の下1桁で、グループに分かれてもらう。
(3) 自分の姓か名前の50音（またはあ行，か行）で分かれてもらう。この方法は生徒間で名前を覚えるのにも役に立つ。
(4) 生徒の住んでいる地域でグループをつくる方法。この方法は、同じ地域に住んでいるという連帯意識をかもし出すようで、グループのまとまりがよくなるようだ。私が担当している大学の授業では全国から集まった200～300人の生徒がいるので、北から北海道、東北、…とブロックごとにグループをつくっている。この場がきっかけとなり、同じ出身者が友だちになった例も多い。
(5) 低学年であれば好きな動物（犬，猫，熊，兎）とか、高学年なら血液型など、生徒がおもしろがるようないろいろな工夫をしてグループをつくるとよい。
　なお、人数が少ないグループは、他の少ないグループと合同チームを組むことで調整しよう。

【カードBS法で発想する手順】
(1) 教員は、カードBS法のテーマと進め方をまず生徒に説明する
　　①発想タイム…各自黙って5分間、発想をポスト・イットに書く
　　②発表タイム…時間がきたら順番に発想カードを1枚ずつ読み上げて、摸造紙に置く
　　③再発想タイム…読みあげる手元のカードがなくなったら、再び、各自5

分間の発想を行う（以下同様に進める）
(2) グループごとに机をいくつか並べ、その周りに全員が顔を合わせるようにして座る
(3) 各グループに、メンバーをリードできる進行役を1人決める
　進行役は皆がテーマからそれないように上手く乗せる。
(4) 模造紙を机上の真ん中に置き、各人にA4用紙1枚とポスト・イットを15枚渡す
　ポスト・イットは、10枚は使い切ることを目標とする。予備も置いておく。
(5) カードBS法を開始したら、教員は用意した音楽を流す
(6) 30分ほど発想タイムと発表タイムを行ったら、発想したカードをまとめる収束タイムに入る
　これは、次の授業で行うこともある。

【カードBS法で守るべき5つのルール】
　①判断延期：出てきたアイデアについて良し悪しの批判をしない
　②自由奔放：自由に何でも発想してよい
　③大量発想：できる限りたくさんのアイデアを出す
　④広角発想：沈黙思考とワイワイの集団発想を組み合わせる
　⑤結合発展：出されたアイデアに便乗して新たなアイデアを考える

【カードBS法で収束する手順】
(1) 進行役を中心にメンバーは、出てきた多くのポスト・イットを同じ分類ごとに並び替えながら、グルーピングする
(2) グループごとに、マジックペンでタイトルをつけていく
　タイトルは、ブレストをまとめることを意識してつける。
(3) 収束の段階に入ったら、BGMをテンポの速いものに変える
　詳しい方法については、参考文献2のカードBS法のページを参照願いたい。

【所要時間】
　テーマを説明し、グループ分けを行い、進行役のリーダーを1人決め、進め方を解説するだけで、ブレストに入るまでに15分はかかってしまう。実質的にブレストには最低30分が必要だから、1時間の授業は「発想タイム」までで終わってしまう。

まとめのための「収束タイム」は、次の授業で行うか、先生が後でまとめるようにしよう。

【用意する物】
①模造紙（グループの数だけ必要）
②ポスト・イット（縦2.5cm×横7.5cm）（生徒人数×15枚）
③赤と黒・青など2種類の色のマーカーペンをグループの数
④音楽のCDと音響装置（設備がないときはラジカセでも可）

●技法の活用例●
(1) 関心の高いテーマで生徒の現状を浮かび上がらせる
　ブレストの授業は参加型であるため、「テーマ」が生徒にとって非常に関心の高いものであるかどうかが大きな要素になってくる。関心のあるテーマなら積極的に話し合い、解決策を求める姿勢が出てくる。つまり、「ブレストのテーマの設定」に授業の成否がかかっていると言うことができる。
　別の見方をすれば、教師はこのブレストの授業を通じて、生徒たちのかかえている問題についてさまざまな意見を収集することができるのである。
　私が授業で「携帯電話で困ったときはどんなとき」というテーマでブレストを行ったときのことである。生徒は自分の経験があることなら積極的に発言するし、自分が困っていることについて人の発言に耳を傾ける。そのため、たくさん出てきた意見の中には、教師の私が知らなかったことがあって、とても参考になった。

(2) 具体的なテーマでアイデア発想の楽しさを体得させる
　年度末のブレストを「学校生活をもっと楽しくするためには」というテーマで行ったら、耳の痛い意見や、すぐ使えそうなアイデアなど、多くの有効な発想が出てきた。修学旅行、運動会、文化祭など、具体的なテーマでアイデア出しを行うことも大切だ。
　ブレストの方法を早く生徒に覚えてもらうために、時には遊び感覚で、夢のある楽しいテーマを取り上げてみるのもいい方法である。たとえば「ラーメンに1万円払うとしたらどんなラーメンか」という具体的なテーマでやったことがある。大変盛り上がったのは言うまでもない。

(3) 教師も側面からブレストに参加する

　ブレストの授業は生徒同士の参加型であるが、教師も積極的に参加したい。各グループの進行状況を見ながら、質問に答えたり、激励したり、声をかけるのである。ブレストのジャマにならないよう注意しながら、グループの外から参加したい。生徒たちは「先生が積極的に自分たちを見てくれている」と感じる気持ちがうれしいのである。

(4) ブレストの成果を共有して理解を深めさせる

　通常の1時間の授業内では、作業だけで時間が来てしまうだろう。教師は各グループの模造紙を集めて持ち帰り、後でA4かB4の用紙1枚にまとめる。そして後日の授業のときに、このまとめたものをコピーして生徒に配り、分析・解説を加えて、生徒たちに理解を深めてもらう。

　時間があれば、生徒たちに直接発表させて、みんなで検討すれば、より高い効果が得られるだろう。その場合、生徒全員に直径が1cmくらいの赤色の丸いシールを渡す。教壇に並べられた各グループの模造紙の中から、各自が自分の気に入ったものにシールを貼る。こうすると、時間をかけないで、どのアイデアがいいのかを生徒に選ばせることができる。

　ブレストは実施した後、全員が考えた成果を全員で検証して確認することで、より深いテーマに対する理解が得られるし、他のグループの成果も共有できることになる。このことも大切である。

　いいブレストをやり遂げた後、生徒たちは達成感を感じとっている。音楽はその気持ちを包んでくれるし、みんなの仲間意識を確かなものにつないでくれる役割を果たす効果がある。音楽を使うことは簡単にできるので、ぜひ音楽を利用した「サウンド・ブレスト法」を試してみていただきたい。

■参考文献
1 『ひらめきのマジック』斉藤善久著　ボイジャー社
2 『図解！解決力』高橋誠著　日科技連出版社
3 『新編・創造力事典』高橋誠編著　日科技連出版社

斉藤善久　獨協大学非常勤講師

大量のアイデアを短時間でまとめられる

解決メソッド

3. ブロック法

●技法の概要●

　学校などで起きる日常的な問題に対して、教師仲間や生徒と共にアレコレと議論し、さまざまな解決アイデアを思いついても、それらのたくさんのアイデアをうまくまとめて最適な実行策を生み出さなければ意味がない。そのためには発想をまとめる技法が欠かせない。

　発想をまとめる技法として最も著名なものは「KJ法」である。「KJ法」は文化人類学者の川喜田二郎さんが現地調査をまとめるために開発し、日本に広く普及した手法である。KJ法という名は筆者が学生時代に友人と名づけた。

　KJ法はカードを用い、データの真意を読み取り、集約する手法として大変すぐれたものである。しかし、真剣に取り組むとなるとかなりの時間を要する。また、習熟にも時間がかかる。

　そこで大量のアイデアやデータをスピーディに、しかし大まかにまとめるために開発した手法が「ブロック法」である。

　これは著者が考案した技法で、その技法名は、アイデアや事実を記入したポスト・イットを大づかみの「塊（ブロック）」にまとめるという意味から名づけた。

●技法の特色●

　「ブロック法」は、とにかく素早くデータを整理するには最適の技法と言える。300枚のポスト・イット（アイデア）でも、4～6人のメンバーで「ブロック法」を行えば、30分もあればまとまってしまうだろう。慣れたメンバーなら、500枚のポスト・イットでも、30～40分でまとめ上げることができる。

　また、アイデアをまとめる作業を通じて、メンバー同士が考え方を同じにし、一体感ももてるので、みんなの関心の薄いテーマや面倒がる問題の解決には適

した技法かもしれない。教師がうまくリードして、ゲーム感覚で生徒同士で「ブロック法」を実施すれば、楽しく問題に取り組めるし、問題への興味・関心・理解が深まり、問題解決を図る姿勢が養えるだろう。

短時間にチームで実施できるので、授業の中に取り入れることも可能だ。

●技法の手順●

「ブロック法」は、基本的には集団で実施するのに適している。各メンバーの力をうまく利用して短時間でまとめる工夫があるからである。

以下に、集団でのブロック法の進め方を述べる（図表1・2参照）。

【集団ブロック法の進め方】

(1) 司会者を決める
(2) 4～6人のメンバーでチームを組み、ロの字型に机を並べて座る
(3) 用紙とポスト・イットを用意する

A4用紙を人数分、B4用紙を計5～6枚、ポスト・イット（2.5cm×7.5cm）のピンク色を30枚、黄色を50枚くらい用意する。

(4) チームで各自でアイデアを発想し、黄色のポスト・イットに書く

「カード・ブレインライティング法」などを使って、全員でテーマについてのアイデアを自由に発想し、黄色のポスト・イットに書き出していく。ただし、ポスト・イットには一度にたくさんのアイデアを書かず、ポスト・イット1枚につき1つのアイデアだけを書く。それを各自A4用紙に貼る。（図表1参照）

(5) 各自はアイデアの内容が似たポスト・イットを集める

チームで出したポスト・イットを全員に均等に配分する。各自はアイデアを記入したポスト・イットを、内容が似たもの同士で集めてグループをつくり、A4用紙に整理する。ただし、1グループ（内容が似たポスト・イット群）は5枚以内とする。

(6) B4用紙を4～5枚、机上の真ん中に並べる
(7) 司会者の右隣の人から順番に、自分のまとめたグループの中から1つのグループのポスト・イットを真ん中に出す

まず司会者の右隣の人が、自分がまとめた1グループを取り上げ、なぜグル

ープにしたのかという理由をメンバーの前で説明し、B4用紙にそのグループのポスト・イットを貼る。

(8) 出されたグループに内容が似たポスト・イットを全員が出す

　出されたそのグループに内容が似たポスト・イットを持っているメンバーも全員それらを真ん中のB4用紙に出し、1つのポスト・イット群にまとめる。メンバーが自分のポスト・イットを出すときには、必ず読み上げて出す。

(9) グループの項目名を決める

　そのグループ（ポスト・イット群）で最初に1グループを出した人が中心になり、グループの内容を表す項目名を考えてピンク色のポスト・イットに書き、そのグループの上に貼る。

(10) 2番目の人が手持ちグループの1つを選び、読み上げて出す

　2番目の人が手持ちの1グループを選び、それらのポスト・イットを読み上げて前に出す。他のメンバーもそのグループと同一内容の自分のポスト・イットを出し、全員でそのグループ（ポスト・イット群）の項目名を考える。

(11) 以降、同様にして、すべてのアイデアがまとまるまで続ける

図表1　カード・ブレインライティング法でアイデアを発想した例

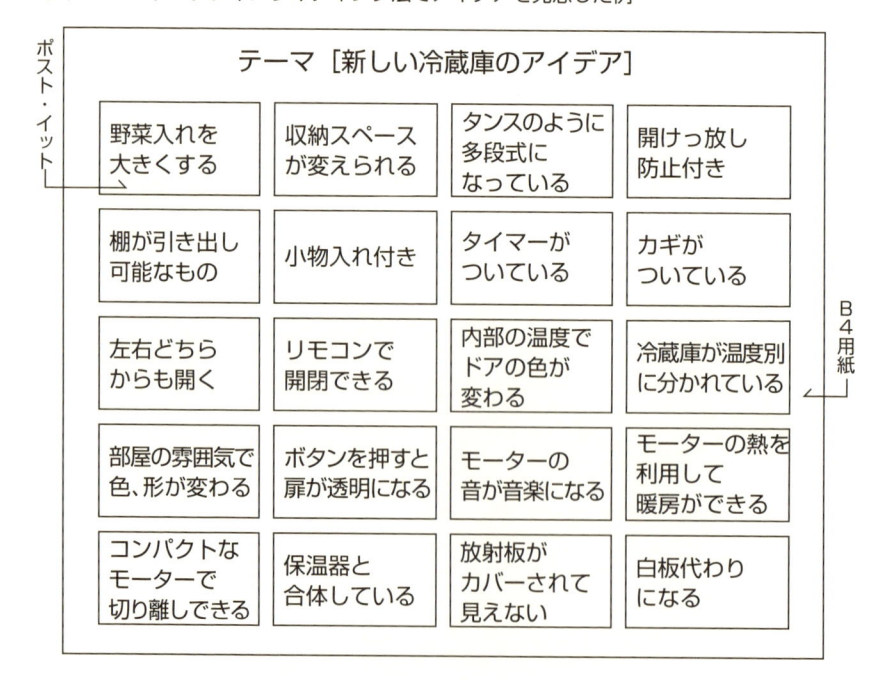

テーマ［新しい冷蔵庫のアイデア］			
野菜入れを大きくする	収納スペースが変えられる	タンスのように多段式になっている	開けっ放し防止付き
棚が引き出し可能なもの	小物入れ付き	タイマーがついている	カギがついている
左右どちらからも開く	リモコンで開閉できる	内部の温度でドアの色が変わる	冷蔵庫が温度別に分かれている
部屋の雰囲気で色、形が変わる	ボタンを押すと扉が透明になる	モーターの音が音楽になる	モーターの熱を利用して暖房ができる
コンパクトなモーターで切り離しできる	保温器と合体している	放射板がカバーされて見えない	白板代わりになる

（左側：ポスト・イット、右側：B4用紙）

(12) どのグループにもまとめきれないアイデアは、「その他」の項目名のグループをつくり、そこに入れる
(13) まとめる際、さらに思いついたアイデアがあれば黄色のポスト・イットに記入して前に出す
(14) すべてのポスト・イットをB4用紙に整理して貼り付ける

なお、1項目のグループは、あまり多くなると群としてのまとまりがないと考えられるので、基本的には10枚以内にする。（図表2参照）

図表2　ブロック法でアイデアをまとめた例

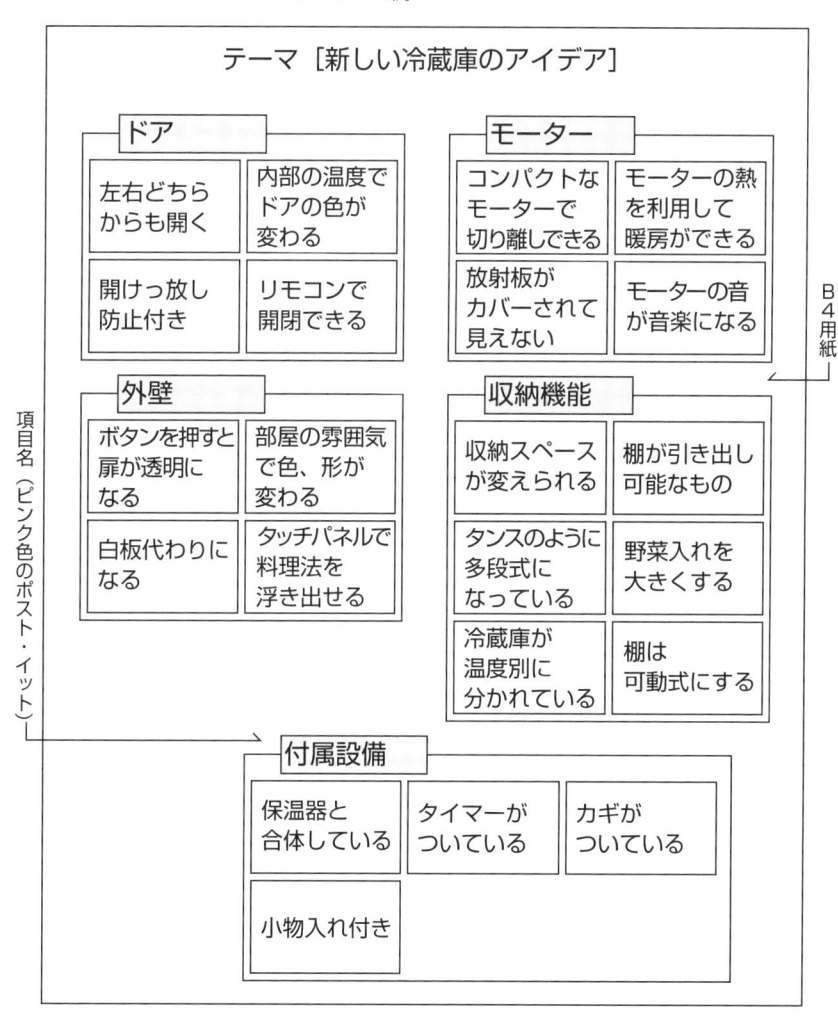

テーマ［新しい冷蔵庫のアイデア］

ドア
- 左右どちらからも開く
- 内部の温度でドアの色が変わる
- 開けっ放し防止付き
- リモコンで開閉できる

モーター
- コンパクトなモーターで切り離しできる
- モーターの熱を利用して暖房ができる
- 放射板がカバーされて見えない
- モーターの音が音楽になる

外壁
- ボタンを押すと扉が透明になる
- 部屋の雰囲気で色、形が変わる
- 白板代わりになる
- タッチパネルで料理法を浮き出せる

収納機能
- 収納スペースが変えられる
- 棚が引き出し可能なもの
- タンスのように多段式になっている
- 野菜入れを大きくする
- 冷蔵庫が温度別に分かれている
- 棚は可動式にする

付属設備
- 保温器と合体している
- タイマーがついている
- カギがついている
- 小物入れ付き

項目名（ピンク色のポスト・イット）

B4用紙

【個人ブロック法の進め方】

次に、個人でのブロック法の進め方を述べるが、基本的には集団ブロック法と同様である。

(1) 用紙とポスト・イットを用意する

B4用紙を計5～6枚、ポスト・イット（2.5cm×7.5cm）のピンク色を30枚、黄色を50枚くらい用意する。

(2) アイデアを発想し、黄色のポスト・イットに書く

「カード・ブレインライティング法」などを使って、テーマについてのアイデアを自由に発想し、黄色のポスト・イットに書き出していく。ただし、ポスト・イットには一度にたくさんのアイデアを書かず、ポスト・イット1枚につき1つのアイデアだけを書く。

(3) 内容が似たポスト・イットを集めてグループをつくり、B4用紙に貼り付ける

すべてのポスト・イットをよくながめ、内容が似たもの同士を集めてグループにし、B4用紙に貼り付ける。ただし、1グループ（内容が似たポスト・イット群）は10枚以内にする。

(4) グループの項目名を考え、貼る

各グループの内容を表す項目名を考えてピンク色のポスト・イットに書き、そのグループの上に貼る。

(5) 以降、同様にして、すべてのポスト・イットがまとまるまで続ける

(6) どのグループにもまとめきれないアイデアは、「その他」の項目名のグループをつくり、そこに入れる

(7) まとめる際、さらに思いついたアイデアがあれば黄色のポスト・イットに記入して前に出す

(8) すべてのポスト・イットをB4用紙に整理して貼り付ける

このようにして「ブロック」〈グループ〉ごとに分けて問題をとらえ、目と手と頭を動かしてアイデアを整理しているうちに、「これだ！」という最適な解決策がまとまってくるのである。

●**技法の活用例**●

筆者の研究所は「ゆうパック」や「TOSTEM」などのネーミングを開発したり、数多くの新商品を企画してきた。だからこの「ブロック法」をネーミングや商

品企画また戦略立案の会議でよく使う。

　ネーミング発想では 1,000 以上のアイデアを出すことが珍しくない。筆者はいつも「出した大量のアイデアをどう整理しようか、まとめに時間がかかるな」と悩んでいた。そんなある日、筆者は「たとえ 1,000 枚のポスト・イットがあっても、5 人いれば 200 枚ずつの分担になる、まとめを分担してやれば大幅に時間が短縮される」と考えた。こうして誕生したのが「ブロック法」である。

　また、商品開発やキャッチフレーズの発想では、1 時間で何百ものアイデアが出ることがある。そんなときにも、この「ブロック法」は大変便利だ。

　現在、筆者の事務所では、「ブロック法」はあらゆる企画作業に欠かせないツールになっている。

　学校でも生徒たちがブレインストーミングなどで発想したものをチームとしてまとめるには、この技法は大変役に立つ。

　また先生として、職員会議に提案すべき内容を提案書としてまとめるときにはブロック法は便利である。先生方を説得するために、出されたアイデアを「ブロック法」で整理してから提案書をまとめることをおすすめする。

■参考文献
1『新編・創造力事典』高橋誠編著　日科技連出版社
2『図解！解決力』高橋誠著　日科技連出版社
3『問題解決手法の知識』高橋誠著　日本経済新聞社

高橋　誠　日本教育大学院大学教授

学校行事の立案や文章の作成がすぐにできる

解決メソッド

4. ストーリー法

●技法の概要●

「ストーリー法」とは、テーマに関する事実やアイデアを、論理の流れや手順に沿ってまとめる技法である。イベント計画の立案や、文章・講演内容のまとめを、気軽にできる方法はないかと考え、著者が考案したものである。

そして「ストーリー法」は、発想したアイデアを「因果」や「論理」や「時間」の流れ「ストーリー」でまとめることから、名づけた。

●技法の特色●

「ストーリー法」は、さまざまなアイデアを出したら、そのアイデアを「起・承・転・結」や「開始時・展開時・終了時」などの流れを「ストーリー」に沿って並べる技法である。慣れてくれば、子どもでもできる、とても簡単な方法だ。また「ストーリー法」は、1人でじっくりと考えるときにも適しているし、みんなでワイワイ、ガヤガヤ相談しながら作戦を考える際にも大変便利である。

●技法の手順●

「学校からいじめをなくすには」というテーマの例を使って、「ストーリー法」の具体的な進め方を以下に述べる。

(1) アイデアを発想し、ポスト・イットに書く

カード・ブレインライティング法などを用いて「いじめをなくすためのアイデア」を思いつくまま、ドンドン記入していく。この際、できる・できない、良い・悪いの判断はせずに、ポスト・イット1枚につき1つのアイデアを書く。それをA4用紙を横にして次々と貼っていく。（図表1参照）

図表1　アイデアを書いたポスト・イットを貼ったシート

```
テーマ［学校からいじめをなくすには］

┌─────────────────┬─────────────────┬─────────────────┐
│授業で新聞記事などを│教師は学校での    │クラス会で生徒たちに│
│使い、いじめがいかに│いじめのパターンを│いじめに関する    │
│悪いことかを話す  │よく学ぶ          │話し合いをもたせる │
├─────────────────┼─────────────────┼─────────────────┤
│学校として        │傷害事件なら      │学内ですべてを    │
│「いじめの実態調査」│警察に相談する    │かかえこむことを  │
│を行う            │                  │やめる            │
├─────────────────┼─────────────────┼─────────────────┤
│いじめられる子と  │専門家による      │教師同士が        │
│教師が対策を      │「いじめ講座」を  │いじめに関する    │
│話し合う          │教師が受ける      │情報交換を密にする│
├─────────────────┼─────────────────┼─────────────────┤
│いじめられた子の  │両者の中間にいる生徒│教師が生徒1人1人を│
│実情を周辺の子から│たちの力を強め、いじめに│細かく把握する  │
│聞く              │対して立ち向かわせる│                │
├─────────────────┼─────────────────┼─────────────────┤
│保護者会で        │学校に            │教師が            │
│いじめ対策を      │「いじめ対策委員会」│「いじめ対策スキル」│
│話し合わせる      │を設置する        │を身につける      │
├─────────────────┼─────────────────┼─────────────────┤
│教師が            │スクールカウンセラー│                │
│カウンセリング・スキル│と教師がよく    │                │
│を身につける      │話し合う          │                │
└─────────────────┴─────────────────┴─────────────────┘
```

（2）シートを用意する

B4用紙を2～3枚用意し、縦に3つ折りにする。

（3）「テーマ名」を記入する

テーマを決定し、B4用紙の一番上に「テーマ名」を記入する。

（4）「主行動」「内容や例」「補足や詳細」という項目名を記入する

　B4用紙を縦に3つ折りにして、3等分された部分の最上部に、左から「主行動」「内容や例」「補足や詳細」という3つの項目名を記入する。これは発想された

アイデアを、これらの3項目に分けてまとめるためである。

(5)「主行動」になるアイデアを選び出す

　まず、発想したアイデアをじっくり見て、その中から「いじめをなくすには」の基本の流れ（ストーリー）となるアイデアが書かれたポスト・イットを取り出し、B4用紙の「主行動」の欄に上から下へと貼っていく。この段階で、さらに良いアイデアを発想したらポスト・イットに記入し、追加で「主行動」の欄に貼る。

　「主行動」の欄に必要な「いじめをなくすアイデア」が書かれたポスト・イットを一応並べ終わったら、全体をながめ、実施の順番などを考えて、ポスト・イットを上下に入れ替えたりする。

(6)「内容や例」になるアイデアを配置する

　「主行動」の欄のポスト・イットそれぞれに、それに関連した具体的なアイデアや事例が書かれたポスト・イットを探し出す。探し出したポスト・イットを、主行動ポスト・イットの右横の「内容や例」の欄に貼っていく。また、新たなアイデアが思い浮かんだらポスト・イットに記入し、「主行動」か「内容や例」の欄に貼る。

(7)「補足や詳細」になるアイデアを並べる

　「主行動」の細部にわたる内容や詳しい説明、参考にするアイデアなどのポスト・イットは、「補足や詳細」の欄に貼る。「内容や例」と「補足や詳細」のどちらにカードを貼るかをあまり神経質に考えなくてもよい。

(8) アイデアの追加・削除をする

　繰り返すが、アイデアをまとめていく途中で新たなアイデアを思いついたら、別のポスト・イットに書いて、該当する欄に追加する。筆者の体験では、追加ポスト・イットが多ければ多いほど良いまとめになる。

　また、最初に発想したアイデアを全部使わなくてもかまわない。ストーリーの内容を充実させるためには、不要なアイデアはどんどん捨てたほうがよい。

(9) アイデアとアイデアの関係を記号で結ぶ

　こうして、必要なアイデアを並べ終わったら、アイデアとアイデアの間に次

図表2 ストーリー法で「学校からいじめをなくすには」のアイデアをまとめた例

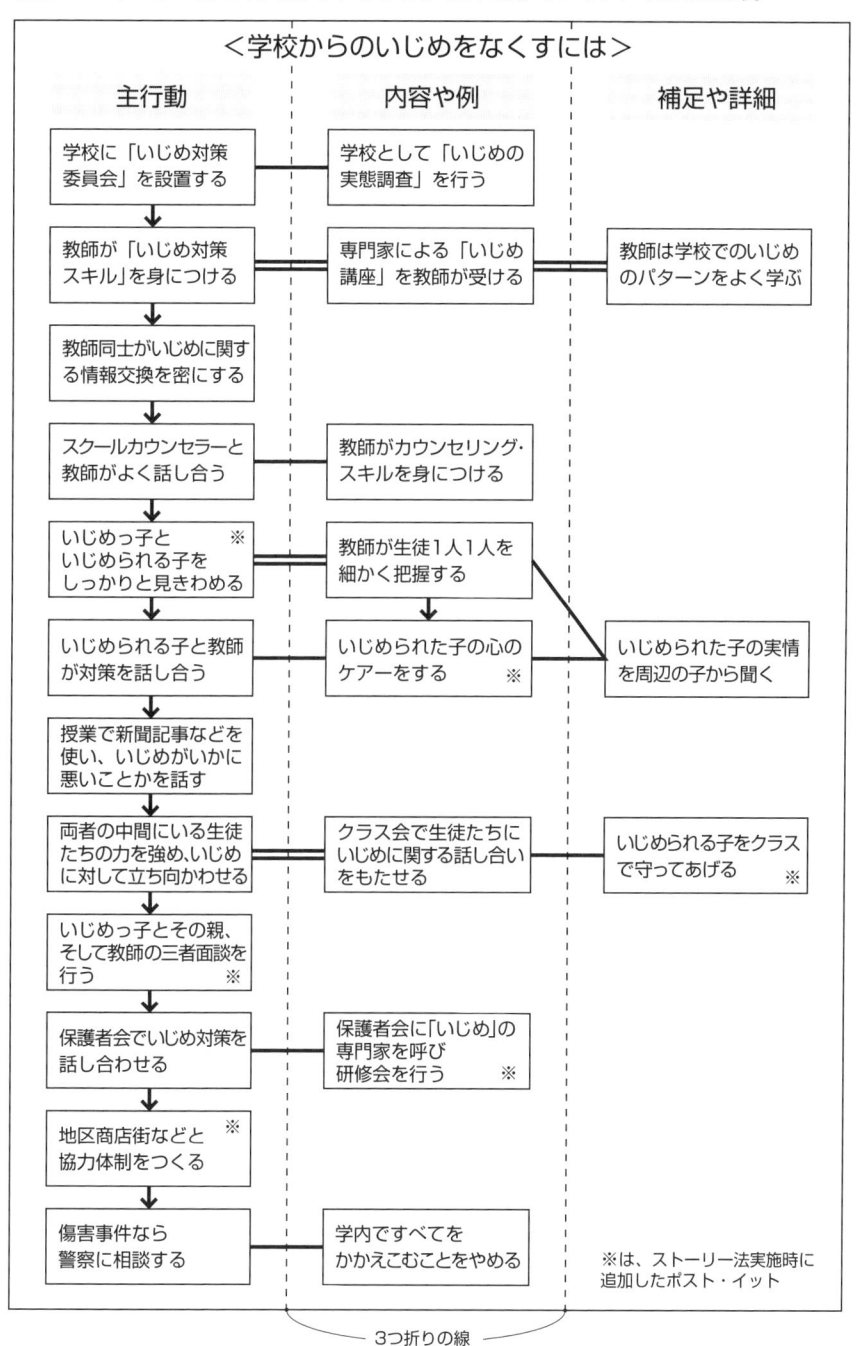

＜学校からのいじめをなくすには＞

主行動	内容や例	補足や詳細
学校に「いじめ対策委員会」を設置する	学校として「いじめの実態調査」を行う	
↓		
教師が「いじめ対策スキル」を身につける	専門家による「いじめ講座」を教師が受ける	教師は学校でのいじめのパターンをよく学ぶ
↓		
教師同士がいじめに関する情報交換を密にする		
↓		
スクールカウンセラーと教師がよく話し合う	教師がカウンセリング・スキルを身につける	
↓		
いじめっ子と いじめられる子を しっかりと見きわめる ※	教師が生徒1人1人を細かく把握する	
↓		
いじめられる子と教師が対策を話し合う	いじめられた子の心のケアーをする ※	いじめられた子の実情を周辺の子から聞く
↓		
授業で新聞記事などを使い、いじめがいかに悪いことかを話す		
↓		
両者の中間にいる生徒たちの力を強め、いじめに対して立ち向かわせる	クラス会で生徒たちにいじめに関する話し合いをもたせる	いじめられる子をクラスで守ってあげる ※
↓		
いじめっ子とその親、そして教師の三者面談を行う ※		
↓		
保護者会でいじめ対策を話し合わせる	保護者会に「いじめ」の専門家を呼び研修会を行う ※	
↓		
地区商店街などと ※ 協力体制をつくる		
↓		
傷害事件なら警察に相談する	学内ですべてをかかえこむことをやめる	※は、ストーリー法実施時に追加したポスト・イット

─ 3つ折りの線 ─

のような記号を書き入れ、その関連性を明確にする。
・流れを　　　　　　──→線
・並行する作業を　　══線
・関連する内容を　　──線

　こうして「ストーリー」が完成すると、雑多でバラバラだったアイデアが、「起承転結」や「時間」、「論理」などの流れに沿ってつながり、まとめられる。ストーリー法を使うことで、「学校からいじめをなくすには」の問題解決策がスッキリとした形に整理され、実行に移しやすくなった。

●技法の活用例●

　「ストーリー法」は、文章を書くときや、スピーチ原稿の下書きをするとき、企画の実施手順を作成するときなどに、とても便利な手法である。「ストーリー法」では、発想されたアイデアを自由に選び出し、アイデアが記入されたポスト・イットを自分の思うままに動かして、「これだ！」と納得するまでアイデアを並び替えて考えを練り、構想をまとめることができるからである。

　筆者は、原稿を書くときにはいつも「ストーリー法」を使っている。まず、テーマの内容について自由に発想する。そして、「ストーリー法」で、何と何のポスト・イット（アイデア）を使い、どのような流れで書こうか、どんな例を使おうか、どこまで書き込もうかなどを考えながら、全体像をまとめていく。

　また、講演を頼まれたときなどにも「ストーリー法」を使う。新幹線の中など移動中でも「あの話をしよう！」と思い浮かんだ内容（アイデア）をランダムにポスト・イットに書き出す。このようにして、ポスト・イットがたくさんたまったら、後で「ストーリー法」で講演のストーリーをまとめる。

　あるいは、論文を書くときにもよく使っている。さまざまな文献を読み込み、内容のポイントをいくつかポスト・イットに記入し、そのポスト・イットには必ず文献ナンバーとページ数を記入する。

　たとえば、筆者の著書『発想の瞬間』の文献ナンバーは11とし、その44ページから「アガサクリスティーは、風呂でリンゴをかじりながらトリックを考案する」という内容をポスト・イットに記入したら、そのポスト・イットの右下に「11-44」と書き入れる。続いて、引用した文献のページをコピーし、そのコピーの右上に「11」と文献ナンバーを記入しておく。

図表3　文献から記入したポスト・イット

> アガサ・クリスティーは、
> 風呂でリンゴをかじりながら
> トリックを考案する　　　　11-44

　論文を書くときは、文献のポイントを記入したポスト・イットを使い、「ストーリー法」で論文の筋書きをまとめる。その後、参考文献のコピーを「ストーリー法シート」の流れに従って順番にセットする。こうして、筋書きと参考文献が貼られた「ストーリー法シート」と文献コピーをパソコンの近くに置き、それらを見ながらパソコンをたたいて論文を作成するのである。

　さらに、「ストーリー法」は、学校行事と修学旅行など、さまざまなスケジュールを立てたり、企画をまとめるときに便利だ。生徒たちにグループ活動で活用するには大変使い勝手がよい。

　この進め方の説明だと面倒そうに思うかもしれないが、実際にやってみると、とても簡単だ。筆者は、大学生で文章嫌いの学生にストーリー法を教えて、多くの学生が文章嫌いを克服したという経験を数多くもっている。

　「ストーリー法」は慣れてくると、ストーリーをつくるのが楽しくなるだろう。また、まとめる途中でアイデアがおもしろいほど出てくる体験をすることもできる。ぜひ、多様な問題解決に使ってみてほしい。

■参考文献
1『アイデアが面白いほど出てくる本』高橋誠著　中経出版
2『仕事ができる人の問題解決の技術』高橋誠著　東洋経済新報社
3『ブレインライティング』高橋誠著　東洋経済新報社

高橋　誠　日本教育大学院大学教授

個人→グループ→クラスのワークを体感できる

解決メソッド

5. 参画ラベルトーク技法

●技法の概要●

　教育基本法が改正され、国の5つの教育の目標の1つに、「主体的に社会の形成に参画する態度を養う」ことが掲げられた。にもかかわらず、参画教育のための理論も技術も研究開発が立ち遅れている。

　「参画技法」は、筆者が30年のアクションリサーチによって生み出した参画理論（意図的・計画的に、個人・グループ・コミュニティに参画力を累積的・体系的に形成する原理の体系：詳しくは参考文献3）に基づいて、2000年ごろにひとまず完成した一連の参画活動の支援技法群である。今後も、活用者によってアクションリサーチ的に改善・改革され続けることを特徴としている。

図表1　ラベルを用いない参画技法の例

人格力支援技法	組織力支援技法	事実力支援技法
①個人新聞技法	④チーム新聞技法	⑦事実新聞技法
②先学システム技法	⑤1人1係技法	⑧フィールドゲスト技法
③客員学生技法	⑥1人1課題技法	⑨フィールド新聞技法

　「参画技法」では、参加者の固有の人間性の発揮の支援、チームワーク力と組織力の発揮の支援、および当事者性を引きだす現場の事実への直面力の支援の3点に注目しており、ラベルを用いない技法群（図表1.詳しくは文献1・2）と、ラベルを用いる技法群（図表2.詳しくは文献1）に大別される。後者は、前者を誰でも簡便に一定の成果を上げられるように「多機能ラベル（1組のラベルで複写・仮止・移動・固定を可能にした3枚綴［黄・赤・白の3色］のラベル（参画文化研究会が開発））」を用いることで定式化した技法群で簡便な導入期の技法、コンテンツの内実を高める中核技法、創造的発見・発明へ導く発展技の3段階がある。

ここでは、ラベルを用いる参画技法（「参画ラベルワーク」と呼ぶ）の中でも導入技法の中核であり、誰が行ってもめざましい効果が認められ、しかも失敗がない「ラベルトーク技法」を紹介する（図表2の②）。

●技法の特色●

　「ラベルトーク技法」は、ほとんど訓練を要しない簡便な方法で、小学校から老人クラブまで活用できる。しかも、個人→グループ→クラス（コミュニティ）の3つのレベルで、参画とは何かを学習することができる。

　具体的には、多機能ラベルを活用して、クラスとしての共通体験（たとえば「先生の講義を30分聞く」）をベースに、次の5つのステップで進める。

①署名してラベルを書くことで、個人として参画し
②ラベルを読み合うことで、チームに参画し
③話し合うことで、チームとしての知的生産に参画し
④ムダなく報告し合うことで、クラスレベルの知識創造に参画し
⑤最後に、トークシートにラベルを整理して貼り付けて提出することで、クラスとしての記録の創出に参画する

図表2　ラベルを用いる参画技法

導入技法	中核技法	発展技法
①感想ラベル技法	④学びのプロセス技法	⑦Ⅱ類・Ⅲ類技法
②ラベルトーク技法	⑤学びのコンテンツ技法	⑧累積図考技法
③ラベル新聞技法	⑥場づくり図考技法	⑨自在図考技法

　この技法の特色は、コミュニティの構成員すべてに平等に、知識創造のチャンスを提供し、『書く→読む→話す→報じる→録する』の各作業に全員が心を合わせて参画できる。そのため、「遊んでいる人」や「お客さん」は1人もいない点である。1人1役で、チームの知識創造の「係活動」を行って貢献することも重要な仕掛けである。

　結果として、全員がラベルを用いて、パーソナルワーク、グループワーク、クラスワークの各レベルでの「参画ワーク」を感覚的に体験学習できる。

●**技法の手順**●

ラベルトーク技法は、次の手順で進める。
(1) 4人で1チームをつくる
ジャンケンで勝った者から進行係、報告係、文具係、環境係になる（図表3）。

図表3　チームでの係とその役割

進行係	・タイムキープと平等な発言に配慮する ・ユニークな話題に焦点を絞る
報告係	・自由にメモをとっておく ・自己判断で1つだけ発表する
文具係	・ラベルの分配・管理・貼り付けをする ・残ったラベルをきちんと返却する
環境係	・ラベルからゴミを出さない ・チームを良いムードにもっていく

(2) プレゼンやレクチャーを聞くなどの共通体験をする
(3) 1人1枚のラベルに感想（質問・意見・提案）ラベルを書く
自分の名前を書くことが原則。多機能ラベルの場合、たて3cm×よこ7.5cm　4行書ける。1行目には作成日時、ラベルのテーマ、作者名などのラベルとの『プロパティー』を書く。
2行目～4行目には、ここに書ける範囲でいいたい事を、1つだけに絞ってなるべく1文章で表現する。単語や句は好ましくない。
(4) 3枚を切り離し、書けた人と黙って交換して読み合う（「黙読タイム」と言う）
(5) 文具係が、白のラベルをラベルシート（台紙）に貼る（図表4）
(6) 進行係は、全員が書いたころを見はからって、自分から口火を切って各自のラベルの要点を話す（「共有タイム」と言う）
(7) 全員が発言したら、進行係が他チームに提供できそうな話題に絞り込んでディスカッションする（「論点タイム」と呼ぶ）
(8) 報告係は、自己判断で要点をメモしておく
(9) 時間がきたら、下記の要領でクラス全員で『全体報告会』を始める

＜報告ルール＞

ルール1：報告係の判断で挙手して1チーム1話題を報告する。
ルール2：重複する内容は報告してはいけない。
ルール3：早い者勝ちで、切れ目なく行う。
ルール4：定刻（7～10分）になったら即終了する。

(10) 講師・ゲストのコメントは1報告ずつ、または数報告のまとまりごとに行う
(11) 質問・意見交流を入れてもよい
(12) 進行係は、トークシートを点検して提出する

●技法の活用例●

　原理的には、ベースとなる共通体験をもつことができれば、参加者の人数にも、場所にも、時間にも制限はない。100人いても200人いても、近くに着席した。3～5人で1グループをつくればよい。共通体験として、ビデオ視聴とか、実習や実技の後に用いるとことができる。衛星やウェブでの遠隔教育でもうまくいく。カンファレンスにも応用できる。「多機能ラベル」を用いなくても、市販のシールラベルやポスト・イット、色紙をラベル状に切断したもので充分

図表4　ラベルトーク台紙（ラベルシート）の例

今どんな学校教育が求められているか			
3月3日	自己紹介ラベル	レクチャーを聴いて	講座を終えて
進行係			
報告係			
文具係			
環境係			

である。

　記名の原理は、参画型の場づくりにはきわめて重要である。ただし、ラベル新聞（図表2の③）への掲載を禁止する者は、名前の前に×をつけるなどの工夫ができる。

　全体報告会では簡単な前述の報告の4ルールを守ると、チームレベルの知識創造をベースにして、クラスレベルの知識創造に達する『組織的知識創造』（詳しくは参考文献5）を実感をもって体験できる。また、人間の頭脳の共創力のすばらしさに気づく者が多い。

　ラベルシートは、すぐ複写して、配布すると、「おみやげ」ができる。先生や、クラスの代表が、黄色ラベルを用いてラベル新聞を作成し、次回配布してプレゼンするのがベストである。このラベル書き→ラベルトーク→ラベル新聞のサイクルを3〜5回繰り返すと、多人数のクラスでも不思議に、クラスが参画化し始める。

〈ラベル新聞の作成手順〉

①B4かA3の用紙を用意する。
②すべてのラベルを3回以上読んで"光るラベル（重要だと感じるラベル）"を10枚以内選ぶ。
③選んだラベルをよく読んで、「まとめる視点」を決める。（新聞のテーマと呼ぶ）
④ラベルとラベルを合わせて、枠どりをして内容のポイントをつかんで"看板（見出し）"を考える。
⑤すべてのラベルと"看板"を生かすように関連づけて→（矢印）でつなぐ。
⑥コメントや補足など自由に書き込む。
⑦新聞のテーマに対する結論を目立つように書く。（新聞のタイトルと呼ぶ）
⑧作成後の感想・解説などを入れる。（新聞の編集後記と呼ぶ）
⑨新聞のプロパティー（発行日・作成者・ラベル作成者・テーマ）を入れる。

　最終的には、赤いラベルを用いて中核技法（図表2の③学びのプロセス技法、⑤学びのコンテンツ技法、⑥場づくり図考技法）でまとめると、有効な省察（リフレクション）ができる（参考文献1）。特に、学びのプロセス技法は、書きためたラベル（赤色）を、時系列に並べて、何度か読むとごく自然に、自分の学んできたプロセスが段階として見えてくるので、これを図解して、解説したもの。ラベルトーク技法と並び、おすすめしたい、簡単かつ効果の顕著な技法である。

これらの参画技法を統合的・体系的に適用した参画型の学びの場（コミュニティー）の典型である「参画授業」は文献4に詳しいが、図表1のそれぞれの各参画技法で、図表5の①～⑥のサブシステムが自然に形成され、いつのまにか参画型の場が形成されていく。図表2のラベルワークの技法群は⑧に当たる（図表5）。

図表5　参画型の学びの場のコミュニティモデル

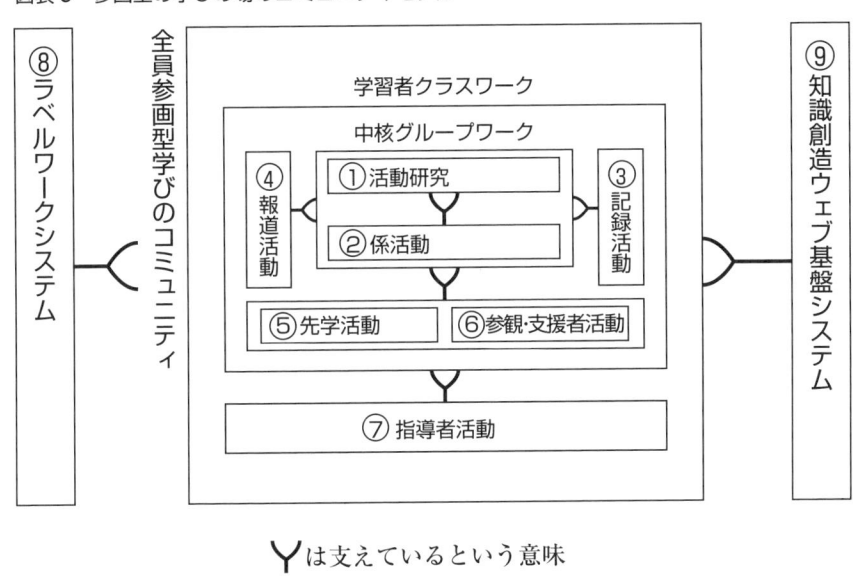

```
⑧ラベルワークシステム ─ 全員参画型学びのコミュニティ ┤ 学習者クラスワーク
                                                          中核グループワーク
                                                          ①活動研究
                                                          ②係活動
                                                          ④報道活動　③記録活動
                                                          ⑤先学活動　⑥参観・支援者活動
                                                          ⑦指導者活動
                                                       ├ ⑨知識創造ウェブ基盤システム
```

Ｙは支えているという意味

　現在、⑨として、携帯、パソコンを利用して、組織的な知識創造を支援するシステムが実用化されている。

■参考文献
1『看護の知を紡ぐラベルワーク技法』林義樹監修　精神看護出版
2『生涯学習支援のための参加型学習のすすめ方』廣瀬隆人・林義樹著　ぎょうせい
3『参画教育と参画理論』林義樹著　学文社
4『学生参画授業論』林義樹著　学文社
5『知識創造企業』野中郁次郎・竹内弘高著　東洋経済新報社

林義樹　日本教育大学院大学教授

授業計画や問題解決トレーニングができる

解決メソッド

6.CPSI法

●技法の概要●

　「CPSI法」は、1953年にアレックス・オズボーン（Alex Osborn）が発表した創造的問題解決法の発展形の1つである。彼は1954年2月、創造教育財団を設立した。この財団は毎年アメリカで「創造的問題解決大会（CPSI:Creative Problem Solving Institute）」を開催しており、その中で教育・普及しているのがCPSI法である（参考文献1）。

　「CPSI法」は、人がもつ創造力を活かして問題や課題を解決する思考法である。この思考法を用いることで、目的や目標が実現する可能性を高めることができる。欧米では創造力を高める手段として「CPSI法」を使った創造性トレーニングが企業研修や教育現場で実施されている。また、アメリカの学校では、「CPSI法」を授業デザインに使っている教師たちもいる（参考文献2）。

●技法の特色●

(1) 3つのステージ・6つのステップから成る

【3つのステージ】

1) 問題状況把握ステージ

　目的を決め、情報を集めて、状況を把握する。そして、目的を達成するための課題が何かを決定する。

2) アイデア発想ステージ

　課題に対する独創的なアイデアを考える。

3) 行動準備ステージ

　アイデアを改良し、解決策を作成する。続いて解決策を実行する適応策（＝計画）を立てる。

それぞれのステージには、以下の6つのステップが含まれる。
【6つのステップ】
①目的発見　　　　②事実発見　　　　③課題発見
④アイデア発見　　⑤解決策発見　　　⑥適応策発見

図表1　CPSI法全体図

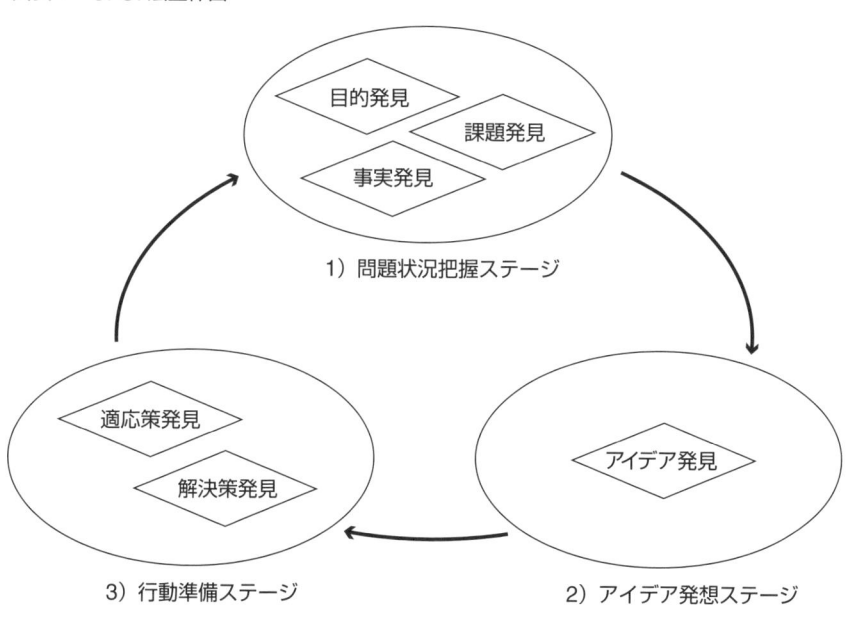

1)問題状況把握ステージ（目的発見・事実発見・課題発見）

2)アイデア発想ステージ（アイデア発見）

3)行動準備ステージ（適応策発見・解決策発見）

(2) ステップごとに拡散思考と収束思考を行う

①拡散思考
　アイデアや選択肢を多くつくり出す思考。
②収束思考
　多く出されたアイデアや選択肢のリストから、1つか少数のものを選び出す思考。
　この拡散思考と収束思考を順番に行うことで、人がもつ創造力を利用することができると言われている（参考文献3）。

図表2　CPSI法ステップ概念図

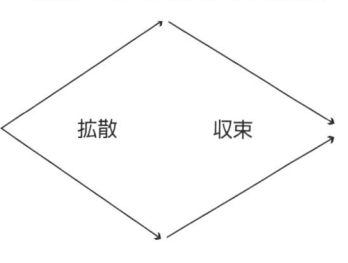

拡散　　収束

●技法の手順●

「CPSI法」では、先の6つのステップを「目的発見ステップ」から順番に発想していく。

(1) 目的発見

このステップでは、最終的に達成する目的をハッキリさせることが目標である。以下のような問いに答える形で拡散思考を行い、収束思考によって目的を1つ選ぶ。「何を実現したいのか」、「何をしたいのか」、「どんなことが理想か」

(2) 事実発見

このステップでは、選ばれた「目的」について課題解決の方向性を決める。拡散思考によってさまざまな観点から事実（観察、印象、気持ちなど）を書き出していく。続いて、収束思考により重要だと思われる事実を選び出す。

(3) 課題発見

このステップでは、選ばれた「事実」をもとに、「目的」を達成するために解決しなければならない課題が何かを決める。拡散思考によって課題を数多く出す。そして、収束思考で、出された多くの課題文から1つか少数の重要な課題文を選択する。

(4) アイデア発見

このステップでは、選ばれた「課題」に対して独創的なアイデアを出すことが目標である。拡散思考ではブレインストーミングを利用するとよい（この発想技法については参考文献1を参照）。多くのアイデアを出した後は、収束思考によってオリジナルで見込みのありそうなアイデアを1つか少数選ぶ。

(5) 解決策発見

このステップでは、選ばれた少数の「アイデア」を発展させて、使える解決策にすることが目的である。そのため、懸念される点を明らかにする。

このとき、拡散思考を行う。出された懸念される点の中から前もって解決しなければならないものを収束思考で選ぶ。その後、選ばれた懸念される点についてアイデアを出す。最終的に、当初の「アイデア」と「懸念される点に出されたアイデア」を合わせて、1つの解決策として書き出す。

(6) 適応策発見

　このステップでは、作成された「解決策」を実行するための計画を立てることが目的である。まず拡散思考で、解決策を実行するためにしなければならない行動を数多く出す。次にその中から、収束思考によって計画に含む必要のある行動を選ぶ。最後に、それらを時系列に並べる。

　「CPSI法」を成功させる鍵は、収束思考でアイデアや考えを選び出す際、新しいものや独創的なものに注目することである。これまでのやり方でよければ、そもそも課題や問題はすでに解決されているはずであり、課題や問題が生じるときとは、多くの場合独創的な発想が必要なときであるからだ。

●技法の活用例●

　これは、中学校の英語教師が授業を立案するために「CPSI法」を利用するという設定の活用例である（紙面の都合上、各ステップで書かれるアイデア数は限られているが、本来は30個以上出すことが望ましい）。

　教師はまず目的発見ステップから始める。

(1) 目的発見

①拡散思考

　教師は拡散思考を行い、右のような複数の目的を出した。

②収束思考

　教師はこの中から「英単語を楽しく覚えてもらいたい」を選択した。

```
＜目的発見＞
・生徒が楽しめる授業をしたい
・笑いに包まれる授業をしたい
・グループ学習を取り入れたい
・彼らにアウトプットをさせたい
◎英単語を楽しく覚えてもらいたい
```

(2) 事実発見

①拡散思考

　教師は思いつくごとに右の情報を書き出した。

②収束思考

　教師はこの中から「生徒数40人」、「当日の新出単語数は10個」、「新出文法も学習する必要がある」を選んだ。

```
＜事実発見＞
◎生徒数は40人
・いつも静かなクラス
・生徒たちは中学3年生
◎当日の新出単語数は10個
・授業時間は50分
◎新出文法も学習する必要がある
```

(3) 課題発見

①拡散思考

選び出した「情報」を考慮に入れつつ、教師は考えられる課題を出した。

> ＜課題発見＞
> ・どうすればブレインストーミングを英単語記憶に使えるだろうか
> ・どうすれば英単語記憶の楽しい方法を生徒たちが思いつくだろうか
> ◎どうすれば50分で英単語を覚えられるだろうか

②収束思考

教師は「どうすれば50分で英単語を覚えられるだろうか」を選んだ。

(4) アイデア発見

①拡散思考

教師はアイデアを複数発想した。

②収束思考

教師は「英単語を語呂合わせで覚えさせる」と「英単語記憶の仕方を生徒たちから出してもらう」を選んだ。それらを1つに合わせ「10個の新出単語に、生徒たちが語呂合わせの言葉を考え出す」というアイデアにした。

> ＜アイデア発見＞
> ・付箋紙を使う
> ◎英単語を語呂合わせで覚えさせる
> ・付箋紙に英単語を書いて生徒たちにそれを食べてもらう
> ・グループごとに記憶する英単語を割り当てる
> ・新出単語の各単語について語呂合わせを考えさせる
> ◎英単語記憶の仕方を生徒たちから出してもらう

(5) 解決策発見

①拡散思考

教師は懸念される点について「どうすれば時間を短くできるだろうか」という点を考えることにして、右のようにアイデアを出した。

> ＜解決策発見―拡散思考＞
> ・10個ではなく3個の英単語をクラスで扱う
> ・残りは宿題で語呂合わせを考えてくる
> ・クラス内で考えるとき時間制限を設ける
> ・クラスをグループに分けてブレインストーミングで語呂合わせを考えさせる
> ・グループごとの試合形式にする

②収束思考

教師は以上のアイデアをふまえた上で、次の解決策を作成した。

<解決策発見—収束思考>
当日は、3個の英単語を題材に英単語の記憶法を学んでもらう。クラスを4人で1チーム、合計9つのチームをつくる。試合形式で、各チームは題材の英単語それぞれに1つずつの語呂合わせを決める。そのために1つの英単語につき7分でブレインストーミングを行う。各チームは決定した3つの語呂合わせを黒板に書く。クラス全体で各英単語の語呂合わせを評価し、どのチームがいい語呂合わせのアイデアを出したかを決める。残りの英単語については、宿題として各生徒たちは語呂合わせを考えてくる。

(6) 適応策発見

①拡散思考

教師は下のような行動アイデアを出した。

「語呂合わせの例を考えておく」、「残りの7つの語呂合わせ宿題プリントをつくる」、「説明プリントを作成する」、「前もってブレインストーミングの簡単な練習を生徒たちにさせる」、「どの単語を題材にするか決定する」

②収束思考

教師はこれらの行動を時系列に並べて右の計画書を作成した。

以上がモデル例である。

<適応策発見>
1. どの単語を題材にするか決定する
2. 語呂合わせの例を考えておく
3. 説明プリントを作成する
4. 残りの7つの語呂合わせ宿題プリントをつくる
5. 授業で前もってブレインストーミングの簡単な練習をする

読者は「CPSI法」をつかってカリキュラムを作成することもできるだろう。また、生徒たちが「CPSI法」を使って、彼ら自身で問題解決を図るトレーニングを積むことも将来のためになるに違いない。大いに活用してもらいたい。

■参考文献
1 『新編・創造力事典』高橋誠編著　日科技連出版社
2 『学校教師たちはどのように創造的問題解決法を活用しているか』宗吉秀樹著（修士論文）
3 『創造的問題解決』弓野憲一監修　北大路書房

宗吉秀樹　創造力教育研究所所長

［監修］日本教育大学院大学

　次代の教師を育てる日本初の専門職大学院として、2006年4月に株式会社栄光が設立した。中学と高校の教員志望者に「人間力」「社会力」「教育力」を養成し、最高のプロ教師に育てることをめざしている。そのため中・高教員、大学教員、企業コンサルタントなど多分野から教授陣を集め、多様なカリキュラムを実践している。教師力を強化するための各種講義・事例研究・演習、学校での徹底的な実習、職員・教員一体の就職カウンセリング、そして教員採用試験対策講座も充実している。

　関連会社に日本有数の教員紹介部門があり、教員への就職を強力にサポートしている。そのため第1期生で教員志望者の91％を教育現場に送り出した。(内訳は専任・常勤教員が22人、非常勤教員が8名)

　ホームページ：http//www.kyoiku-u.jp

［編著］高橋 誠

　日本教育大学院大学教授（研究科長）、博士（教育学）、（株）創造開発研究所所長、日本創造学会理事（前会長）、NPO法人日本青少年キャリア教育協会理事長。静岡県生まれ、東京教育大学心理学科卒、筑波大学大学院修士課程(カウンセリング専攻)修了、東洋大学博士後期課程(教育学専攻) 修了。産業能率短大専任講師を経て、経営コンサルタント会社「創造開発研究所」を設立、日本の2000以上の企業に人事から経営企画まで多様な経営指導を実施。大学教育では東洋大学等の講師を経て、日本教育大学院大学の創立に参画した。専門は創造性教育とキャリア教育で、小・中・高・大の学生や社会人に講義を実施。著書等は『問題解決手法の知識』『図解！解決力！』『創造力事典（編著）』他、66編。

　連絡先：info@soken-ri.co.jp

［企画］教育メソッド研究会

　教師のために必要な「教育技法」の分析と検討を進めている。内外の従来技法や新しい技法を収集し、教育現場でどう活用すべきかを研究している。現在のメンバーは日本教育大学院の教員だけであるが、幅広く拡大し研究の充実をめざしている。

　　代表　　：高橋　誠（日本教育大学院大学教授）
　　メンバー：黒石憲洋（　　〃　　　専任講師）
　　　　　　　斉藤俊則（　　〃　　　専任講師）
　　　　　　　出口英樹（　　〃　　　専任講師）

執筆者リスト （掲載順）

氏名	ローマ字	所属	担当
高橋　誠	Takahashi Makoto	日本教育大学院大学教授	第1部　第2部　解決メソッド-1・3・4
北川達夫	Kitagawa Tatsuo	日本教育大学院大学客員教授	第2部　教授メソッド-1
内田友美	Uchida Tomomi	日本教育大学院大学教授	第2部　教授メソッド-2
井口哲夫	Iguchi Tetsuo	日本教育大学院大学教授	第2部　教授メソッド-3
江川玫成	Egawa Binsei	十文字学園女子大学教授	第2部　教授メソッド-4
花田修一	Hanada Shuichi	日本教育大学院大学教授	第2部　教授メソッド-5　対人メソッド-4
湯浅俊夫	Yuasa Toshio	一橋大学非常勤講師	第2部　教授メソッド-6
宇田　光	Uda Hikaru	南山大学教授	第2部　教授メソッド-7
黒石憲洋	Kuroishi Norihiro	日本教育大学院大学専任講師	第2部　教授メソッド-8　ICTメソッド-2
斎藤俊則	Saito Toshinori	日本教育大学院大学専任講師	第2部　ICTメソッド-1　ICTメソッド-3
奥　正廣	Oku Masahiro	東京工科大学教授	第2部　ICTメソッド-4
東山紘久	Higasiyama Hirohisa	京都大学副学長	第2部　対人メソッド-1
中尾英司	Nakao Hideshi	中尾相談室室長	第2部　対人メソッド-2
杉江修治	Sugie Shuji	中京大学教授	第2部　対人メソッド-3
清宮普美代	Seimiya Fumiyo	日本アクションラーニング協会代表	第2部　対人メソッド-5
小山英樹	Koyama Hideki	日本青少年育成協会主席研究員	第2部　対人メソッド-6
登村勝也	Tomura Katsuya	J.トムラカウンセリングスクールJPN代表	第2部　対人メソッド-7
大野精一	Oono Seiichi	日本教育大学院大学教授	第2部　相談メソッド-1
今西一仁	Imanishi Kazuhito	高知県心の教育センター指導主事	第2部　相談メソッド-2
都丸けい子	Tomaru Keiko	筑波大学準研究員	第2部　相談メソッド-3
藤原忠雄	Fujiwara Tadao	兵庫教育大学大学院准教授	第2部　相談メソッド-4
山野晴雄	Yamano Haruo	桜華女学院高等学校教頭	第2部　相談メソッド-5
斉藤善久	Saito Zenkyu	獨協大学非常勤講師	第2部　解決メソッド-2
林　義樹	Hayashi Yoshiki	日本教育大学院大学教授	第2部　解決メソッド-5
宗吉秀樹	Muneyoshi Hideki	創造力教育研究所所長	第2部　解決メソッド-6

教師のための 「教育メソッド」入門	2008年9月27日　初版第1刷発行	
	監　修　日本教育大学院大学	
	編　著　高橋　誠	
	発行者　阿部　黄瀬	
	発行所　株式会社　教育評論社	
	〒 103-0001	
	東京都中央区日本橋小伝馬町2-5 FK ビル	
	TEL: 03-3664-5851	
	FAX: 03-3664-5816	
	http://www.kyohyo.co.jp	
	印　刷　萩原印刷　株式会社	

©Makoto Takahashi 2008. Printed in Japan　　ISBN978-4-905706-31-1

定価はカバーに表示してあります。
本書の無断複写・転載は、著作権法上での例外を除き禁じられています。
落丁本・乱丁本の場合は、送料当方負担でお取替えいたします。小社営業部宛にお送りください。